Marketing da Mulher

Vanda Neves

Marketing da Mulher

Como conquistar o que você precisa para ser feliz

1ª Edição
2013

PRATA

São Paulo-SP
Brasil

Copyright © 2013 da Autora

Todos os direitos desta edição reservados à
Prata Editora (Prata Editora e Distribuidora Ltda.)

Editor-Chefe:
Eduardo Infante

Revisão Ortográfica:
Flávia Portellada

Capa e Projeto Gráfico:
Julio Portellada

Diagramação:
Estúdio Kenosis

Fotos da capa:
Neusa Ayres

Agradecimento:
House Olivier – Príncipe Real

Dados Internacionais de Catalogação na Publicação (CIP)
(Câmara Brasileira do Livro, SP, Brasil)

Neves, Vanda
    Marketing da Mulher : como conquistar o que você precisa para ser feliz / Vanda Neves. — 1. ed. — São Paulo : Prata Editora, 2013.

    1. Atitude (Psicologia) 2. Autoestima 3. Felicidade 4. Marketing 5. Mulheres – Psicologia 6. Relações interpessoais 7. Sucesso I. Título.

12-13496   CDD-155.633

Índice para catálogo sistemático:
1. Marketing feminino : Psicologia aplicada   155.633

Prata Editora e Distribuidora
www.prataeditora.com.br
sac@ prataeditora.com.br
facebook/prata editora

Todos os direitos reservados ao autor, de acordo com a legislação em vigor. Proibida a reprodução total ou parcial desta obra, por qualquer meio de reprodução ou cópia, falada, escrita ou eletrônica, inclusive transformação em apostila, textos comerciais, publicação em websites etc., sem a autorização expressa e por escrito do autor. Os infratores estarão sujeitos às penalidades previstas na lei.

Impresso no Brasil/*Printed in Brasil*

Este livro é dedicado a todas as mulheres que
foram e são tudo aquilo que sempre desejaram ser,
mesmo quando isso não era bem-visto ou sequer imaginado.
Para todas aquelas que quebraram convenções,
fizeram e fazem a diferença.
Obrigada!

Sumário

INTRODUÇÃO 9

A ATITUDE DO MARKETING FEMININO 13
    1. Como ter a atitude certa? 15
    2. As sete capacidades "mágicas" que podem salvar a sua vida 21
    3. Missão e princípios da mulher moderna 49
    4. Como transformar-se na diva da sua vida 55
    5. Amigos, amigos, descontos à parte! 59

O MARKETING DA MULHER: O CAMINHO PARA O SUCESSO 63
    1. A sua estratégia de vida: aonde ir? 65
    2. O seu mapa emocional 67
    3. O marketing operacional para encontrar o homem certo 72
    4. Descobrindo o mercado-alvo: o homem 74
    5. As necessidades do seu consumidor-homem 76
    6. Garantia de satisfação total feminina! 79
    7. Sim, sou o último biscoito do pacote! É pegar ou largar! 82

ESTRATÉGIAS FEMININAS DE CONQUISTA 87
    1. As estratégias femininas de conquista: *Push & Pull* 89
    2. Como seduzir um homem num estalar de dedos 95
    3. Os dez princípios "mágicos" para conquistar "aquele"
       homem no primeiro encontro 100

ESCOLHER, SEGMENTAR E AMAR 119
   1. Satisfação garantida do seu consumidor-homem 121
   2. Segmentação e definição do seu público-alvo 126
   3. Dicas para fazer amigos especiais nas redes sociais 132
   4. Segmento: o falecido 140
   5. SOS: detectando homens casados 145

POSICIONAMENTO E COMUNICAÇÃO DE MARCA 147
   1. Os quatro pês do marketing feminino 149
   2. Estratégia de diferenciação na conquista amorosa:
      o estilo e a personalidade 152
   3. Características especiais para que um homem a considere
      única e preciosa 158
   4. Os SMS miraculosos que o farão cair nos seus braços 168

FIDELIZAÇÃO: DESFRUTAR A RELAÇÃO 177
   1. Fidelizar o seu consumidor-homem 179
   2. Aprenda a despertar e a fazer durar o desejo 184
   3. O que os homens querem de uma relação? 190
   4. Você tem tanta vontade quanto eu? 194
   5. Apimente a sua sexualidade: aumente o desejo 204
   6. Dicas para melhorar a sua relação sexual 207

TENHA O PODER SOBRE A SUA VIDA 211
   1. Invista em si mesma 213
   2. Balanço do marketing da mulher 219

Introdução

Por que um guia de *marketing* para a mulher com o intuito de obter mais sucesso na vida e, especialmente, no amor?
Porque é melhor termos um rumo escolhido por nós mesmas do que ficarmos passivas perante os acontecimentos da vida.
Você ficaria espantada se eu dissesse que somos, sobretudo, frutos dos nossos hormônios? Os seres humanos são feitos de pequenas e complexas explosões hormonais, regadas com exuberantes coquetéis de inúmeras reações químicas. Em resumo, tudo o que precisamos para estar de bem com a vida é beber o coquetel certo e aproveitar — ou dominar — os fenômenos hormonais. Se você souber aplicar o *marketing* certo em sua vida, poderá desencadear muitas reações positivas no seu organismo, reações que a farão sentir-se feliz, completa e realizada no dia a dia. Você fará as coisas que lhe dão prazer e terá orgulho das suas conquistas. Assim, passará a mensagem certa ao cérebro e, consequentemente, ele liberará uma substância química que promove o bem-estar de que tanto precisa, a dopamina. Ela será um impulso fantástico que a fará acreditar que é bom viver, pois estimula o cérebro a procurar ações que nos deixam mais animadas. Essa atividade do cérebro estimula também a produção de uma substância fundamental — a serotonina — que nos deixa contentes e entusiasmadas.
Estas são as substâncias químicas da paixão e da felicidade, e para obtê-las você tem de viver de acordo com sua satisfação pessoal, procurando realizar os seus objetivos, desvendando os seus sonhos e vivendo a vida que escolheu. São elas que nos deixam de bem com a vida, por

isso, temos de influenciar o contexto da nossa vida de maneira proativa, fazendo o que faz nos sentirmos bem. É simples e eficaz!

Entenda que o sistema cerebral é um complexo paradigma que se alimenta de muito mais do que fenómenos químicos e que todas as ações da sua vida alimentam, bem ou mal, um órgão muito engenhoso: o cérebro. Dele advém o primeiro pensamento que surge pela manhã, a primeira emoção que indica se o seu dia vai correr bem ou mal.

Não vou falar mais de *neuromarketing*, mas é fundamental perceber que podemos contribuir para que sejam criadas as reações certas no nosso organismo e, assim, estimularmos o nosso bem-estar físico e emocional. O sucesso pessoal depende, sobretudo, de conseguirmos atingir os objetivos e as metas que estabelecemos para nós mesmas, para que nos sintamos capazes e motivadas.

Há maneiras de superarmos as adversidades da vida com mais facilidade e de alcançarmos o sucesso pessoal. Podemos ter o que realmente nos completa e estimular o nosso cérebro nesse sentido.

Para viver é necessário interagir e precisamos aplicar estratégias se quisermos alcançar algo especial que nos deixe felizes. E tudo o que precisamos fazer é sentir. Não é razoável deixar a vida ao acaso. Se deseja realizar-se na sua profissão, no amor ou em família, tem de fazer opções conscientes e sérias que irão condicionar toda a sua vida presente e futura. Por isso, o melhor é saber como agir de modo proativo para que a sua estratégia de vida vise concretizar as suas aspirações, porque, se não agarrarmos as rédeas do destino, ele pode seguir um rumo muito diferente do que ambicionamos.

Uma das maneiras que proponho é descobrir soluções de realização pessoal através da utilização de alguns conceitos de *marketing* convencional, adaptados à realidade feminina, dada a generalidade e adaptabilidade destas noções à vida quotidiana das mulheres. E porque muitas das técnicas de *marketing* aplicam-se perfeitamente ao sucesso pessoal feminino.

O mercado de trabalho e o mercado das relações emocionais têm muitas semelhanças, pois o *marketing* relacional existe desde sempre. Recorremos a ele muitas vezes, sem ter noção de que se trata de técnicas de comunicação e de promoção da nossa imagem, perante o nosso parceiro amoroso e diante da sociedade em geral. Se o casamento é um contrato, a relação amorosa não deixa de ser um negócio. Mas o negócio pode ser bom ou mau, pode beneficiar mais uma parte do que outra. O negócio amoroso só tem sucesso se agradar a ambas as partes. Por quê? Porque damos e queremos receber, porque a relação é uma simbiose de afetos e é também uma troca de interesses e favores, ou, se preferir, de benefícios e sacrifícios. A chave do sucesso é saber escolher o parceiro certo. No entanto, se falhar nesta escolha, a sua vida irá passar por grandes dificuldades e o negócio não vai correr bem para o seu lado.

De modo geral, se falharmos nas nossas escolhas pessoais, a vida não irá corresponder às nossas expectativas. Contudo, há sempre a possibilidade de recuperar a felicidade. Hoje, temos a liberdade de mudar nossos ideais e nossas opções de vida sempre que desejarmos. Viva a liberdade! Só necessitamos de coragem e de determinação para fazer algo a respeito. Por isso, devemos aproveitar ao máximo esta viagem: a de viver como mulher, desfrutando os bons momentos e minimizando os percalços que surgirem pelo caminho. Devemos recorrer a estratégias e técnicas que nos ajudarão a ser mais completas e, sobretudo, a realizar os nossos sonhos de maneira equilibrada e perseverante, sem sermos pressionadas pela insegurança, pelo medo de errar ou pelo preconceito. Estas estratégias e técnicas irão ajudá-la a conseguir uma vida plena de amor e de satisfação pessoal e a não ter medo de enfrentar os problemas.

Saiba reequilibrar-se, reerguer-se e recomeçar uma nova etapa. Para que você não se sinta sozinha, carregando o mundo nas costas, deve saber conquistar a vida com que sonhou e o parceiro ou parceiros certos. Sim, porque a maioria das mulheres precisa experimentar mais de um para poder escolher com convicção. No *marketing* das mulheres defende-se a escolha seletiva: tem de experimentar para determinar as preferências peculiares.

Para poder desfrutar a vida plenamente, é preciso agarrá-la com as duas mãos, sentir o pulsar da "terra" e exclamar interiormente: "Eu faço parte disto. Eu posso fazer o que quiser com a minha vida". Para isso, basta aplicar as estratégias de *marketing* da mulher orientadas para a sua realização pessoal. Sobretudo, é preciso apreender os modos de comunicação e as técnicas operacionais para alcançar os objetivos, e saber lidar com as suas capacidades pessoais e interagir com os outros. É essencial ter uma mente esclarecida para encontrar o amor verdadeiro ou para colocar a relação amorosa num patamar em que ambos se relacionam de igual para igual, numa intimidade absoluta.

Cara leitora, gostaria muito de contribuir para o seu sucesso e bem-estar através de novas ideias. Espero que se divirta e que conheça algumas das estratégias e técnicas que passei a chamar de conceitos de *marketing* da mulher: eles são os melhores ensinamentos e práticas de vida das mulheres modernas.

Desejo contribuir com uma visão mais criativa das temáticas femininas, provocando um pouco a sua imaginação, para que faça um excelente *upgrade* na vida, pois, acima de tudo, acredito no poder do amor-próprio. Nós, mulheres, somos criaturas afetuosas, este é o nosso dom especial: dar e receber amor. E a primeira pessoa a quem você precisa amar é a si mesma.

A ATITUDE DO MARKETING FEMININO

Do ponto de vista do *marketing* da mulher, a atitude é o princípio de tudo. Atualmente, todos falam do valor imensurável da atitude positiva para a nossa qualidade de vida. Pois bem, a atitude otimista é importante, sem querer forçar a ideia de comodismo das correntes de pensamento positivo. Não precisamos chamá-la "positiva", pode ser apenas proativa ou atitude de bem com a vida; digamos que no *marketing* da mulher até poderíamos chamar isso de visão com mais consideração por nós mesmas e uma melhor perspectiva do nosso lugar no mundo.

A maneira como nos vemos no mundo e a percepção que temos de nós mesmas podem literalmente condicionar o rumo da nossa vida. Podemos influenciá-la para melhor se conseguirmos despertar em nós algumas capacidades "milagrosas" para o nosso bem-estar psíquico.

Como ter a atitude certa?

No *marketing* da mulher, não falo de princesas nem de contos de fada, falo da vida prática e real. Aqui é melhor ser do que parecer. Por isso, é preciso aprender a ter a atitude certa, a atitude proativa do *marketing* feminino.

Convenhamos que nem sempre é possível estar feliz e positiva. Há momentos de reflexão e de profundo desgosto que nos fazem aprender, amadurecer e seguir em frente. E por mais que queiramos, não conseguimos influenciar os nossos pensamentos sempre. Infelizmente, existem momentos terríveis na vida em que temos o direito de nos sentirmos tristes, indignadas e completamente "arrasadas". É humano, faz parte, por favor, não nos tirem essa liberdade com tanta teoria de positivismo. Chega de nos impingirem a perfeição, de quererem fazer da mulher uma *Barbie* completamente formatada.

Eu bem que gostaria de lhe dizer que para ter uma atitude positiva basta manter os pensamentos positivos, que desse modo você descobrirá o "segredo" do sucesso e que será brilhante e feliz para sempre. Gostaria, mas não acredito. Só conheço sucesso com esforço e felicidade com autoconhecimento interior, e isso dói, dói de verdade, mas é intrínseco à nossa evolução enquanto seres vivos.

Haverá momentos difíceis, haverá instantes de grande felicidade, a vida é feita de opostos, e o nosso estado de espírito também. E não queremos perder uma "pitada" sequer da vida, queremos tê-la por inteiro, porque somos mulheres fabulosamente reais e verdadeiras.

Contudo, a atitude certa é a atitude otimista com que encaramos a vida e é uma espécie de estado esperançoso que usamos para ultrapassar obstáculos. Mas não basta ter uma atitude positiva, é preciso acreditar nela. Devemos usar pensamentos positivos e praticar ações positivas a todo momento, com a enorme certeza de que irão se concretizar. Sentir com convicção é uma vibração quase cósmica que cria uma ressonância energética à nossa volta e que nos coloca numa posição favorável; é como se as portas se abrissem para a nossa vontade e o resto nós fazemos. É preciso pensar e sentir positivamente — essa é chave —, permanecermos favoráveis e abertas à conciliação dos acontecimentos.

É fundamental desenvolver emoções positivas para que tenhamos energia positiva e ânimo para ver o lado bom da dificuldade, assim como acreditar que dias melhores virão, de modo a despertar a força interior e dar a volta por cima.

A atitude certa pode ser aprendida e reaprendida a todo momento. É uma escolha e um processo de transformação, não podemos melhorar a nossa vida se não mudarmos nada em nós. É preciso dar os passos da mudança e prosseguir com convicção, o que nos conduzirá a uma virada radical na vida e, ao mesmo tempo, nos fortalecerá, tornando-nos mulheres batalhadoras e vencedoras.

Estamos falando de algo muito especial, das capacidades que podem mudar muito do que está mal na sua vida, como num passe de mágica. São capacidades intrínsecas aos seres humanos, todos possuem, mas só alguns aprendem a usá-las. Outros não conhecem a sua importância prática e não as valorizam ou, por vezes, têm medo de aplicá-las. Contudo, elas são o segredo do sucesso de muita gente, fazem de nós seres mais fortes e com a atitude certa. Porque você só conseguirá ser otimista se não se deixar levar por maus sentimentos e se afastar das energias negativas com que todos nos confrontamos no cotidiano. Uma boa atitude pessoal transparece para o exterior, todos repararão na mudança e na luz que você irradia, todos se sentirão seguros diante da sua confiança.

A atitude certa nos torna mais preparadas para os desafios da vida, é como que um escudo protetor contra as más influências.

Compreender determinadas interações de gênero é essencial para saber como agir nas relações amorosas de acordo com as "regras do mercado", ou seja, perceber o que o homem-alvo procura e o que está disponível para ele no mercado do amor, aquilo que as suas concorrentes, as outras mulheres, oferecem. Para criar uma oferta com mais valor para o homem eleito, é essencial que você possa oferecer uma imagem diferenciada e ser a mulher preferida. O seu valor pressupõe que você se considera muito confiante nas suas capacidades; só isso lhe dará infinitas possibilidades.

Não acredito que a mulher precise de um homem para ser feliz nem de ter filhos para ser feliz. Acho que a mulher precisa só de si mesma para ser feliz, e ter uma relação amorosa compensadora ou criar a família saudável são opções pessoais que nos complementam ou não. Cada mulher conhece as suas prioridades e os desejos que a fazem feliz. Não falo de regras absolutas, são ideias e rumos opcionais. Aplique estes conceitos de acordo com as suas convicções.

Acredito que a mulher precisa se sentir amada; o que não é fácil quando não consegue encontrar um parceiro amoroso, quando vive um amor insípido ou não consegue criar a sua própria família. Isso acontece não por escolha própria, mas por uma suposta dificuldade em manter uma relação amorosa ou em conquistar alguém com quem valha a pena estar. Todas estas dificuldades são superáveis, por isso, recolhi algumas "informações secretas" que irão ajudá-la a dar a volta por cima. Mas não comente com o seu par ou alvo amoroso para não estragar a nossa estratégia.

Nas relações amorosas há sempre quem ame e quem se deixe amar, e há sempre quem ame mais em determinada fase do relacionamento. Este é o equilíbrio do amor e é cíclico, invertem-se os papéis ao longo do tempo. O importante é escolher a melhor vida possível e o melhor parceiro para amar e para ser amada. Você precisará conquistá-lo ou reconquistá-lo para ter um amor completo, com dedicação e respeito, e para alcançar uma relação feliz e gratificante para ambos. Precisará aprender a conquistar e também a manter essa "chama sempre acesa", isto é, o desejo, para que possa usufruir de uma relação amorosa viva, confiante e vibrante.

Há mulheres que não sabem usar o *marketing* feminino a seu favor e não se sentem completas com a vida que têm, nem com o amor. Elas não são as primeiras escolhas do seu potencial parceiro ou não são as candidatas preferidas para constituir um projeto de futuro, e sofrem muito. Não são capazes de perceber por que a relação acabou, por que ninguém deseja se casar com elas ou por que não aparece ninguém para amá-las. Mas afinal, o que está errado? O fato é que elas não usam o *marketing* feminino nem percebem que existem outras que usam. Por isso, as outras são as eleitas e saem vitoriosas do jogo da conquista.

Caso real: revelações do marketing da mulher

Um marido questionava a respeito do fato de sua mulher querer vários filhos:

— É incrível que esteja querendo um terceiro filho, pois quando nos conhecemos você não queria ter nenhum! Depois do segundo, ainda tem vontade de ter outro?

Ele insistia na questão, até que, perante aquela interrogação equívoca acerca dos desejos de maternidade da mulher, ela perguntou:

— Mas quem disse que eu não queria ter filhos?
— Você mesma, quando a conheci!
— Pois bem, eu menti.

Ele arregalou os olhos e exclamou:
— Mentiu?

Ela respondeu:

— Não menti, omiti. Não quis que você pensasse que teríamos uma vida cheia de obrigações e de rotinas familiares. Não quis assustá-lo com a ideia de termos muitas crianças e muitas dificuldades. Achei melhor deixar você pensar que teríamos uma vida sexual superativa, uma vida só de divertimento e prazer, repleta de festas, passeios e sexo à vontade. Agora que já contei a verdade, fique sabendo que sempre quis ter três filhos. Depois do terceiro, encerramos o assunto.

Ele a olhou fixamente nos olhos e caiu na gargalhada.

Ele achou aquilo tudo uma piada. Não havia como reagir de outro modo. Quando há amor verdadeiro, até as pequenas mentiras tornam-se divertidas e os defeitos viram qualidades. Temos de saber qual é o momento oportuno para fazer algumas revelações íntimas e não dizer logo ao nosso parceiro todos os nossos desejos e sonhos de uma vez só. Tudo pode ser dito à medida que a relação se fortalece e a intimidade cresce e avança...

Este caso é apenas um exemplo. Obviamente, o *marketing* feminino não tem nada a ver com mentiras, casar ou com o objetivo específico de querer ter filhos sem estar de acordo com a vontade do parceiro, mas com aprender a usar o sentido de oportunidade, com saber conquistar e manter uma relação vibrante. Tem ainda a ver com criar um plano para a vida que vá ao encontro das suas necessidades, para que viva com entusiasmo e alegria.

As ferramentas do *marketing* da mulher servem, sobretudo, para "mostrar o caminho das pedras", com o intuito da realização pessoal e de criar no homem eleito uma necessidade que ele mesmo não imaginava ter: de amar.

As ferramentas do *marketing* feminino se utilizam de todo o poder que existe dentro de você para fazer que os seus objetivos se concretizem e fazer prevalecer as características que revelam o que você tem de melhor, transformando-a na sua melhor versão e na protagonista da sua história de vida. Esta é a sua melhor missão.

Um dos segredos do sucesso é descobrir o amor e a convivência como um bem comum para os dois, pois a beleza do amor está em transformar o desígnio pessoal no êxito de ambos. Precisamos sempre do outro para nos admirar e mimar. De que serve ter muitos êxitos se não tivermos ninguém com quem compartilhá-los?

Encontrar o "homem ideal" é uma busca que pode levar algum tempo ou pode acontecer rapidamente, depende do esforço empregado na procura, da sorte e também do sentido com que são aproveitadas as oportunidades. Pode ser necessário experimentar muito ou não. Mas garanto que um dos grandes prazeres da vida é fazer esta descoberta sem medo e com expectativas positivas. Esta é a sua maior ferramenta de vida: acreditar sempre que é capaz de encontrar algo de bom para você, independentemente da idade e da fase que atravessa. Apenas confie que a procura lhe trará mais sabedoria e que as más experiências servem para extrair uma lição e serem enterradas. Se você souber reerguer-se sempre que se magoar e continuar com o seu objetivo — ser feliz — terá todas as ferramentas essenciais para alcançar o sucesso e viver muitos momentos de felicidade.

No entanto, cada mulher tem uma história única, percorre um trajeto distinto e constrói a sua própria história mediante as circunstâncias pessoais, podendo encontrar o amor verdadeiro aos 15 ou aos 70 anos: o amor de um homem, o amor por uma profissão ou o amor pela própria vida.

Todavia, ninguém sabe quando esse momento mágico irá acontecer, se encontrará apenas um amor verdadeiro ou vários amores ao longo da vida. O importante é não ter medo de arriscar e acreditar no amor e no bem supremo, usufruir do momento em que acontece e se repete como uma dádiva.

Infelizmente, às vezes, o momento não acontece porque a mulher acredita em falsos mitos. Ela não soube conquistar a sua independência ou não escolheu o parceiro certo. Mas, veremos adiante como desmistificar algumas das ideias que nos prejudicam e sequer percebemos quanto nos influenciam.

As sete capacidades "mágicas" que podem salvar a sua vida

As capacidades que podem nos salvar são sentidos orientadores para que tenhamos uma atitude mais otimista perante a vida e também para que saibamos que a vida é entusiasmante se soubermos conduzi-la.

Estas capacidades existem nas pessoas de sucesso e também nas relações de sucesso. Estão presentes na energia e na motivação das pessoas realizadas e são capacidades necessárias para governar um país, uma família, uma empresa e a própria vida.

O mais extraordinário é que estão ao alcance de todos, qualquer pessoa pode experimentá-las e comprovar a sua eficácia. Você pode começar a experimentá-las hoje mesmo. Conheça-as, ponha-as à prova e comprove se funcionam.

1ª – Capacidade de mudança

A mudança faz bem, é o elixir do intelecto que nos permite evoluir. Contudo, um dos grandes problemas das pessoas é querer mudar sem mudar nada! Elas querem uma mudança sem alterar o que já possuem, e, claro, sem esforço. Sonham ficar magras sem fazer dieta, sonham ficar ricas sem trabalhar, sonham encontrar o amor da sua vida sem procurá-lo.

São muitas as variáveis externas e internas que nos obrigam a mudar constantemente. Nada permanece imutável. Resistir a este sentimento de evolução é contrariar a ordem da natureza humana. E nós, mulheres, convenhamos, mudamos todos os meses de humor e os nossos hormônios mudam tanto ao longo da vida que o melhor é encararmos a nossa condição com boa vontade.

É bom mudar se entendermos que a mudança significa um avanço. Ela traz em si a possibilidade de agir, o que é benéfico, mesmo que aparentemente seja só a oportunidade de reagir a algo negativo. É sinal de que estamos vivas para mudar as circunstâncias da vida.

É bom poder decidir mudar aos 20, aos 30, aos 40 e até aos 80 anos. Por que não? Temos o poder de reinventar a vida quando bem entendermos. É bom estarmos vivas e vivenciar a experiência que a mudança do tempo nos provoca. Podemos mudar de gostos, de casa, de profissão, de marido, a decoração da sala, de país, de estilo de vida ou, simplesmente, mudar de ideia, no momento. Devemos acompanhar o ritmo dos tempos modernos e adaptar a nossa vida às influências favoráveis que recebemos, apreciando novas ideias e novas experiências, refletindo e reciclando o que já não nos agrada ou não nos preenche.

Aproveitar a mudança a nosso favor é a atitude certa a adotar e a única que tem retorno positivo. Ser conservadora, fundamentalista e agarrada ao passado só dá "traça e cheiro de naftalina".

Devemos seguir em frente, refletir e mudar o que não está bom, o que nos incomoda e o que não nos serve. É uma renovação mental que damos ao nosso espírito, visto que é uma afirmação da nossa capacidade de acompanhar a evolução do mundo. Ao participarmos de novas experiências, modos de pensar e de estar, usufruímos do sentimento de compartilhar com a modernidade, o que é ótimo, pois assim nos sentimos parte interveniente dos acontecimentos do nosso tempo. E é este o grande segredo da vida: procurar sentir emoções.

Por isso, para termos uma vida mais otimista, devemos, antes de criticar ou desistir, procurar conhecer e experimentar para decidir se gostamos ou não de algo. Mudar a maneira como nos vestimos, o corte de cabelo, a decoração do quarto, o modo como amamos, o estilo de vida que temos, ou mudar para hábitos alimentares mais saudáveis são pequenos gestos que podem fazer muito pelo nosso bem-estar físico e psicológico. Isso é um sinal de que estamos abertas, fluindo a favor da corrente, procurando satisfazer as nossas necessidades espirituais e descobrir os significados relevantes para a vida.

Comece mudando pequenas coisas que já não lhe agradam. Por exemplo, faça uma arrumação nos armários, livrando-se de tudo o que você tem em excesso: dizem os especialistas que é o que não se usa há mais de três anos. Altere o tipo de comida que prepara, mude para receitas mais naturais e saudáveis, ou experimente algo da culinária internacional. É fundamental mudar um pouco, às vezes, um detalhe faz toda a diferença. Pode ser apenas um vaso com flores no *hall* da casa, assistir a uma aula de ioga, estrear um vestido *sexy*, colocar a fotografia de quem amamos na parede. São pequenas mudanças, pequenos gestos que nos aconchegam o coração e nos trazem a felicidade por um momento.

A sua alma também precisa de pequenas mudanças, tal como o corpo, para ter sensações novas e positivas. Precisa de novas ideias, novas leituras e novas experiências gastronômicas, assim como de novas viagens, sobretudo de novos princípios e ideais, de acordo com a fase da vida em que se encontra a sua interação com o mundo.

Todas as mudanças servem para desafiar a alma e a nossa capacidade de adaptação ao meio; até mesmo as mudanças desagradáveis, sejam provocadas por um desgosto ou por uma doença grave. As mudanças fazem parte da nossa evolução, por isso, até um acontecimento traumático proporciona e dá início a uma mudança indesejada, mas necessária.

Seja para o bem ou para o mal, temos de deixar a vida fluir, porque não controlamos o que se passa nas circunstâncias que vivemos. Podemos controlar o modo como resistimos às mudanças difíceis, desenvolvendo resiliência e vontade de vencer.

É fundamental que nos adaptemos a tudo para que não tenhamos medo de algumas mudanças indesejáveis, como o desemprego, o desgosto emocional, a falência e tantas outras decepções. A melhor opção é reverter o acontecimento a seu favor e pensar: *Se isso aconteceu é porque vai ser o melhor para mim. Mais tarde, sei que vou encontrar uma razão que dê sentido a tudo isso, porque vou dar a volta por cima e sei que vou conseguir vencer esse sofrimento.*

Fico tristíssima quando vejo mulheres cansadas da vida aos 35 anos e com medo de mudar. Elas consideram certas mudanças inconcebíveis, como iniciar uma nova profissão ou desfazer-se de um mau casamento. A insegurança é tanta que temem até mudar a cor das paredes da sala. Por quê? É muito difícil viver em situações que nos oprimem. Se não gostamos da vida que levamos, podemos mudar tudo sempre que necessário, mudar para melhor, mais de uma vez. É nas múltiplas opções que reside a riqueza da mudança, pois esta não se cansa de dar novas oportunidades.

Será que a vida já deu tudo a quem não quer mudar mais? Claro que não. Mas muitas mulheres pedem paz e sossego demasiadamente cedo. Estão cansadas de criar os filhos sem ajuda e de serem multifuncionais, estão desiludidas com os maridos que não as compreendem e com tanto cansaço: uma mudança é tudo o que não querem que lhes aconteça. A rotina dá a elas uma sensação de segurança e de controle sobre a sua vida, mesmo que seja uma vida insatisfeita. Para estas mulheres, estar bem é ter uma vida segura, pois não exige riscos nem novos desafios. Esta é uma maneira de sobrevivência válida; as rotinas oferecem uma base sólida e uma noção de segurança, mas é hora de acordar e de se mexer, deixe para descansar no fim, quando morrer.

A mulher precisa encontrar o seu equilíbrio e mudar um pouco no sentido da evolução. Todavia, nem todas precisam de mudanças extremas, nem todas estão no mesmo estágio de evolução, cada uma faz o seu caminho, mas para as mais "quietinhas", cuidado!

A falta de mudança provoca uma rotina excessiva, que pode causar um descontentamento fatal, cujas consequências são notadas na saúde, originando um estado apático e depressivo. Não queira ser tão certinha. De vez em quando, é mais divertido se comportar fora dos moldes sociais.

Muitas vezes, julgamos que a mudança é a pior coisa que podemos esperar, quando, em determinados momentos, a mudança é a nossa salvação. A separação depois do desmoronar de uma relação amorosa pode parecer horrível, mas é quase sempre necessária. É a libertação de uma relação que não funcionava mais e que não lhe fazia bem, e por trás dessa fatalidade pode nascer a possibilidade de encontrar um novo amor. Por isso, é também uma mudança boa.

Ter uma atitude otimista é encarar essas mudanças forçadas como acontecimentos que ocorrem para o nosso bem. Se algo é inevitável, para que resistir?

Na vida, há fatos dolorosos que custam muito a ser superados. Mas, para grandes males parece que só a mudança é uma saída possível e a "cura". A vida muda, os sentimentos ficam e nos transformam em novas pessoas com dores antigas. O melhor a fazer é reinventar a nossa sobrevivência perante a dor e o desespero, e continuar a lutar para dar sentido à nossa vida e à vida de quem amamos.

Quem aceita uma mudança é mais persistente diante das derrotas e acredita na premissa de que, se não conseguir hoje, conseguirá amanhã. Não se culpa pelos fracassos, aprende com a experiência negativa e arranja uma solução mais criativa ou uma nova estratégia para seguir em frente. Quando compreender a força deste mecanismo, a sua vida vai se tornar mais alegre e aprazível e você saberá aproveitar melhor os bons momentos.

Muitas vezes, sentimos falta das rotinas e da segurança, necessitamos de um período de estabilidade para evoluir e recarregar as baterias. Mas, se porventura os fatores da nossa estabilidade se alterarem, é sinal de que precisamos viver uma fase de mudança, mesmo que pareça que a segurança acabou e que é impossível ficar satisfeita nas novas condições de vida. É aqui que a mudança pessoal é mais premente.

Toda pessoa deve ambicionar ser completamente livre para viver todas as potencialidades sem medo de mudar e, consequentemente, de experimentar novas etapas da vida, independentemente das condições econômicas, sociais e familiares em que está inserida.

Trata-se da sua vida e você tem de aproveitá-la ao máximo, até o fim. A sua maior obrigação é proporcionar a si mesma uma vida o mais feliz possível e para que isso aconteça, tem de abrir a mente e o coração às mudanças e experimentá-las com expectativas positivas. Existe um pensamento comum à maioria das pessoas que tem uma atitude positiva, que diz: "Aconteceu assim e, no final, será melhor para mim". Eu garanto que, se você aceitar as mudanças e todos os acontecimentos da vida como algo valioso, será mais feliz. Se procurar em seu interior a vontade de conhecer mais e de evoluir, viverá muito melhor.

O que fazer para despertar uma mudança na minha vida?

De vez em quando faz bem quebrar a rotina, conversar com pessoas diferentes, experimentar outras sensações e despertar os sentidos. Comece com pequenas mudanças, pequenos passos, que acabarão contribuindo muito para uma grande transformação.

Nós, mulheres, precisamos ser motivadas do mesmo modo que estimulamos as crianças para a vida, despertando-lhes os sentidos: o tato, a visão, a audição, o paladar e o olfato. É disso que necessitamos para nos sentirmos vivas. Almejamos ver mais e experimentar coisas novas e são vários os estímulos que podem contribuir para enriquecer os nossos sentidos, como admirar uma paisagem, visitar uma exposição de arte, ir à ópera, ao cinema, ao teatro, a mostras culturais etc.; são muitas as opções que estão ao seu alcance, basta encher-se de cultura e logo você sentirá as repercussões imediatas na sua inspiração.

Precisamos estimular a nós mesmas, aos nossos cinco sentidos. Por esse motivo, ouça novos sons. Hoje em dia, há muitos ritmos novos dançantes e estimulantes para se ouvir, basta escolher.. Vá a espetáculos de música ou dança, assista a palestras e conferências sobre temas interessantes e pesquise para tirar as suas conclusões. Tenha a capacidade de ouvir outras opiniões sobre as suas convicções e deixe em aberto a possibilidade de mudar de ideia. Enfim, as possibilidades são muitas.

Já pensou no que fazer para estimular o tato? Não, não estava pensando nisso, mas também é uma boa possibilidade. Mexa e apalpe. Dance com ele. Faça carinhos. Cozinhe algo especial para os dois. Passeie com ele de mãos dadas. Leia um livro. Tome um longo banho com sais e óleos corporais. Faça uma esfoliação no corpo e hidrate a pele. Pinte um quadro ou recicle um objeto, faça coisas com as mãos e agite-se. Aprenda a mexer o corpo, a dançar, a fazer pilates ou, simplesmente, a andar de bicicleta.

Muitas pessoas relaxam e recarregam as boas energias realizando trabalhos manuais. Seja criativa e experimente coisas novas, como escrever, cuidar das plantas, fazer esculturas, pintar uma moldura, desenhar, fazer bricolagem, abraçar os seus filhos e a quem ama. São boas sugestões para o tato que a farão sentir-se bem, porque faz algo especial e desperta os seus sentidos.

O olfato e o paladar são sentidos que podem ser despertados pela via afrodisíaca e gustativa. Que tal experimentar os sabores exóticos da gastronomia do México, de Cuba ou da Rússia? Ou fazer uma viagem dos seus sonhos: visite alguma praia paradisíaca do Brasil, ou, quem sabe, conheça um outro país, como a Índia ou o Marrocos. É sempre possível experimentar novas sensações, seja numa viagem real ou intelectual, transportando a mente para longe em uma visita ao museu, uma degustação num restaurante libanês ou uma aula de dança tailandesa. É preciso ter iniciativa e querer encontrar algo de novo e de especial.

A vida tem outro sabor se usarmos o nosso tempo para contemplar e usufruir de coisas que nos dão prazer. Seja visitar amigos de quem temos saudades, ouvir as nossas músicas preferidas, passear ou saborear os nossos pratos favoritos. Cada pessoa tem os seus momentos preferidos de deleite dos sentidos, que deve estimular e descobrir.

> ❝ *Espere o melhor, prepare-se para o pior e receba o que vier.*"
>
> Provérbio chinês

2ª – Capacidade de ser independente

O sentido da vida de muitas mulheres é a procura do amor. Para as mais atentas a procura do amor-próprio, para outras a procura do amor dos filhos, de uma família, de uma profissão ou até mesmo o amor a uma causa. A derradeira procura é a do amor de um homem. E a mais completa é a procura de todos estes amores. Depende dos objetivos que cada mulher tem para a sua vida.

Infelizmente, muitas mulheres não aprenderam a escolher livremente os seus amores. Algumas são atiradas à força para o precipício do casamento, iludidas por histórias de príncipes encantados e ensinamentos antiquados, transmitidos de mãe para filha. Outras fogem de uma vida difícil na casa dos pais para casar com o primeiro homem que aparecer. Por mais que se fale da ascensão da mulher a uma carreira profissional e de sua ambição pela conquista do sucesso econômico, em determinados contextos socioculturais, muitas mães incutem nas filhas que o verdadeiro sucesso consiste em casar e ter filhos.

Esta é uma situação que coloca um enorme condicionamento e pressão nas decisões vitais, limitando a liberdade de escolha e vontade da mulher moderna. Todas as mulheres deveriam poder decidir livremente quais são os seus amores e qual a prioridade que cada um deles representa nas diferentes fases da vida.

Hoje, todas as mães deveriam ensinar às filhas a importância de encontrar a realização pessoal e o amor por si mesmas. Encontrar o amor na profissão que exercem, no companheiro que escolheram, na família que constituíram e nos momentos de felicidade que vivenciam. Nunca devemos concentrar a nossa felicidade apenas num só aspecto da vida, condicionada, por exemplo, a um homem, nem deixá-la nas mãos dos outros, pois os outros não podem fazer a "magia" de realizar os nossos desejos, anseios e sonhos. Essa capacidade está apenas dentro de nós...

Infelizmente, muitos pais continuam a projetar sonhos não realizados na vida dos filhos, o que é errado e muito prejudicial. Mesmo depois de adultas, existem muitas mulheres que vivem pressionadas pelos pais, o que atrapalha muito a vida prática e a relação entre pais e filhos, pois os pais são pessoas muito especiais, de quem dependemos emocionalmente, a quem amamos incondicionalmente e jamais queremos decepcionar.

Muitas vezes, preferimos adiar as nossas escolhas em favor do que eles nos aconselham, o que também dificulta a liberdade na tomada de decisões e a nossa emancipação do núcleo familiar de origem, mas é imprescindível que nos emancipemos seja qual for a idade que tenhamos. Temos de cumprir a possibilidade de ser autónomas, genuínas ao nosso desejo interior e nos esforçar para conquistar o ideal do nosso sonho de vida.

A procura da identidade feminina começa na infância e é marcada por um universo cor-de-rosa, cheio de purpurinas e histórias de princesas de contos de fada. Continua cintilante na puberdade e a partir de então começa a complicar-se, em vez de continuar a ser divertido. Surge o princípio do contraditório que permanece durante o resto da vida: "Afinal, acabaram-se os contos de fada e não existem príncipes nem finais felizes?!". Quem vai acreditar nesta contradição? É tempo de turbulência, de grandes descobertas e de grandes incoerências; a pressão dos pais, o controle, o medo de que possam engravidar... é extenuante. No entanto, algum acompanhamento faz falta para definir limites e objetivos. E o pior, cair na dura realidade! Isso, afinal, não é um filme com final feliz? Em qual história quero estar? É mais atraente ser a vilã do que a princesinha?

Contudo, na busca da sua identidade, a mulher muitas vezes entra em choque com os limites da feminilidade culturalmente definidos. Espera-se que ela satisfaça sempre as expectativas dos outros: pais, marido, filhos, colegas e vizinhos. Os estudiosos do comportamento dizem que se as mulheres forem amáveis, adaptadas e reservadas, satisfazem mais as expectativas da sociedade. Aqui está o primeiro formato *pink*: ser amável e bondosa e desejar ser adorada por todos.

Ninguém espera que as mulheres errem, que queiram experimentar de tudo como os rapazes ou que queiram ser elas a definir as suas expectativas. Há, portanto, a necessidade de gerir a percepção da imagem social com as nossas escolhas pessoais e com o nosso percurso de vida. Quem quer ser a bruxa má? Ou a Cinderela? A grande verdade é que não há formatos fidedignos nem resultados seguros; ninguém consegue agradar a todos, nem isso é sinônimo de felicidade. Pelo contrário, quanto mais singular e genuína for, mais opiniões discordantes despertará a seu respeito. O importante é ser bem resolvida com esse fato.

Porém, a única expectativa verdadeira que você tem de satisfazer é a sua, sem procurar bater de frente com os seus opositores ou se expor demais pelos motivos errados. Mantenha uma postura conciliadora e esforce-se para acreditar que é capaz de ultrapassar todas as barreiras que encontrar até chegar ao lugar com que sonhou. Não é possível seguir em todas as direções, por isso, siga a voz do seu coração e acredite nas suas capacidades, estabeleça as prioridades que realmente a fazem feliz, sonhe com as possibilidades que a fazem vibrar, lute para chegar lá contra tudo e contra todos. Siga principalmente aquilo que a inspira. Só desta maneira alcançará o seu "eu" único e original, a sua personalidade inconfundível que necessita expandir para sentir-se feliz.

Uma mulher emancipada tem de ser independente financeira e ideologicamente. As mulheres independentes são mais felizes porque vivem e escolhem todos os dias em liberdade.

O que fazer para ser mais independente?

Não deixe que os outros escolham o seu futuro, seja o seu parceiro, seus familiares ou amigos. Faça as suas escolhas e acredite que é capaz de chegar onde quiser, ter a vida que precisa e não a que os outros lhe determinaram.

As mulheres dependentes, de modo geral, foram educadas por mães que não tiveram muitas oportunidades de ser independentes e que não conheceram outra realidade. É preciso quebrar esse círculo do passado, mude os modelos sociais se não a fazem feliz. Crie o seu estilo de vida, arranje atividades prazerosas e tenha uma carreira, seja educar os filhos ou trabalhar no seu próprio negócio; as decisões sobre a sua vida profissional e pessoal devem ser apenas suas.

Você precisa acreditar nas suas potencialidades, esforçar-se para manter a confiança no futuro e ser persistente. Acredite em si mesma e não tenha medo de falhar, os erros fazem parte da vida, são importantes para avançar com outras soluções e outras tentativas mais criativas.

> ❝ *Podemos escolher o que semear, mas somos obrigados a colher o que plantamos."*
> Provérbio chinês

3ª – Capacidade de perdoar

Quem não possui a capacidade de perdoar nunca terá paz nem será feliz. Viverá agarrada ao passado e aos maus sentimentos, condicionada às más lembranças, a situações que já ocorreram e com as quais não pode interagir para alterar o que lhe causou dor. Aconteceu, supere a mágoa!

Perdoar é libertar o fardo que você carrega e que a oprime, que a deixa sem energia para estar apta a aproveitar a vida. É uma verdadeira libertação e um grande alívio psicológico, porque funciona como se jogasse fora a energia negativa acumulada ao longo da vida com o sentimento ruim. É a libertação absoluta, a plena leveza da alma. Você sabe muito bem!

Perdoar não é esquecer. Há quem diga: "Já esqueci, mas não perdoei". Pois bem, perdoar é compreender e aceitar a tristeza e não deixar que as emoções más perturbem a nossa vida, encaixotar sem guardar rancor nem sede de vingança. É muito difícil, mas precisa de esforço para usar este mecanismo de atitude positiva.

Persista em aprender esta capacidade todos os dias da sua vida, pois não é fácil, e mais difícil ainda é perdoar a nós mesmas enquanto seres sensíveis e limitados. Deste modo, devemos nos perdoar pelos nossos erros, pelas expectativas que criamos e não cumprimos, pelos sonhos que tivemos e não realizamos, pois existiram situações em que queríamos falar e ficamos caladas, precisávamos agir e não nos movemos.

Perdoar a nós mesmas por deixarmos que abusassem de nós, que nos magoassem, pois estávamos indefesas.

E, principalmente, perdoar-nos porque somos muito exigentes com as nossas capacidades, construímos ideais inatingíveis e, muitas vezes, somos cruéis com os julgamentos que fazemos de nós mesmas.

Perdoar é limpar a alma intrínseca e extrinsecamente. Esta é uma capacidade que se aprende a desenvolver e que nos obriga a uma grande nobreza de caráter e humildade, porque mexe com dois grandes defeitos do ser humano, o orgulho e a teimosia. Estas características, que quase todas as pessoas têm, são muito negativas. Se você analisar quais as causas de conflito na sua vida, é quase certo que a maioria possui inerentes problemas de orgulho e de teimosia, seus e da outra parte.

Orgulho e teimosia são sinônimos de pouca condescendência e de falta de maturidade. Não conheço ninguém que tenha ganho algo de bom na vida por ser muito teimoso e muito orgulhoso, a não ser problemas.

Mas não confunda teimosia e orgulho com perseverança e brio pessoal. Estas são as boas características humanas que, muitas vezes, são tomadas pelas anteriores, mas não têm nada a ver com elas. Pelo contrário, são positivas e nos ajudam a evoluir.

O que fazer para aprender a perdoar?

Se conseguir controlar a teimosia e o orgulho, você vai adquirir mais distanciamento na análise dos conflitos e todas as ameaças se tornarão menos intimidadoras. Com mais calma, você conseguirá concluir que o melhor é passar por cima do constrangimento e não dar tanta importância ao que sucedeu. Apesar de sentir-se injustiçada e magoada, concluirá que o fato não merece tanta consideração.

A teimosia e o orgulho são emoções negativas que não nos deixam perdoar, e se não perdoarmos, não seguimos com a nossa vida em outros sentidos mais otimistas. Não evoluímos e não nos realizamos. Ficamos infelizes, cheias de mágoa e de ódio, primeiro, contra quem nos magoou, depois, contra tudo e contra todos, e por fim, contra nós mesmas. Isso nos corrompe a alma e nos contamina por dentro.

Essa questão funciona assim: ficamos tristes porque nos magoaram e nos culpamos pelo mal que nos causaram. Ficamos com ódio de nós mesmas e dos outros, nos sentimos culpadas por termos nos colocado naquela situação e, por fim, interiorizamos que merecemos passar por todo aquele sofrimento. Por algum motivo que desconhecemos, é sempre mais fácil culpar a nós mesmas do que aos outros. Vamos levar anos para recuperar algo que está no passado e que não volta para ser resolvido; não está ao nosso alcance evitar o erro ou o sofrimento do passado. Um dia, mais tarde, quando menos percebermos, estaremos de chinelos em casa consumidas de despeito por um mundo injusto, em que parece que só aos outros acontecem coisas boas.

Os acontecimentos sucedem deste modo porque não conseguimos desligar o botão do ódio e do rancor e porque não perdoamos. Sempre que perdoamos alguém, nos livramos da dor que nos instiga e não permitimos que esse acontecimento ruim se repita inúmeras vezes em nossa cabeça. Além de ser muito doloroso, o sofrimento nos deixa estáticas, rancorosas e sem ação para avançar para um futuro mais promissor.

Perdoar não é fácil. Exige muito de nós e provém de um bem superior e humilde, é quase religioso. Implica aceitar e compreender o que se passou e estipular que isso não vai nos afetar mais, que não tem relevância e que não merece que percamos tempo sofrendo com o que nos magoa profundamente. Mas é definitivamente útil e indispensável saber perdoar para seguirmos com a nossa vida e superarmos esse tipo de conflito, porque, infelizmente, ao longo da nossa vida, sempre precisaremos perdoar alguém, e quanto mais depressa começarmos mais depressa nos livraremos desse mal. O mais importante é aprender a fazer determinadas escolhas que efetivem o perdão, como seguir por um caminho sem a presença daquelas pessoas ou mudar de direção sem aquele ódio de estimação.

É mais fácil viver em estado de culpa do que em verdadeira liberdade. Porque, na segunda opção, sou responsável pela minha vida e quando culpo, passo a responsabilidade da minha vida para os outros.

Perdoar é como nos libertar da dor e do sofrimento, é como cicatrizar as feridas e deixar o tempo nos recuperar. Se não existissem situações más, não reconheceríamos as boas. Se não custasse tanto alcançar objetivos, não valorizaríamos nada, se não houvesse conflitos, não saberíamos ultrapassar obstáculos.

Do mesmo modo que temos de dar autonomia à criança para descobrir o mundo e vencer obstáculos enquanto brinca, para que caia e se levante sozinha, os adultos também precisam aprender a cair e a reerguer-se sozinhos.

Acredito que o perdão seja um dos grandes significados da vida humana, e é igualmente um sentimento generoso, de uma enorme intensidade. É um dos poucos processos emocionais que nos libertam a alma.

Se você deseja mesmo mudar a sua vida rumo à felicidade e à paz interior, perdoe.

> ❝ *Muitas vezes o silêncio é a melhor resposta. As palavras cortam mais do que as espadas.* ❞
> Provérbio indiano

4ª – Capacidade de ser resiliente

Ser capaz de ter resiliência: domar a dor, superar as alterações inesperadas da vida que nos levam a enfrentar a morte de alguém que amamos muito, a superar uma doença grave, a administrar dificuldades econômicas e a dominar tudo o que nos faz sofrer. E depois, sobreviver...

Esta grande capacidade de resistir ao fracasso nos conduz ao caminho da vitória pessoal se soubermos resistir e lutar por uma vida melhor, sempre com a perspectiva de que algo bom está por vir. É um grande dom.

Podemos, todas, nos adaptar melhor se, em vez de nos revoltarmos contra as injustiças de que somos vítimas, superarmos as adversidades e vencermos os obstáculos, transformando-os em oportunidades de vida. Oportunidades que devem ser aproveitadas para mudar o que não nos serve, o que está mal, de partir em busca de outro caminho e de novas experiências e optar por um modo diferente de viver.

Esta é a capacidade que nos permite enfrentar as adversidades da vida e acalentar a dor do nosso coração; resume-se à capacidade de resistir e de responder com esperança, com um plano de ação para transformarmos tudo o que nos rodeia. É resistir ao problema e manter a perseverança de quem vai à luta por uma vida melhor quando tudo parece perdido e ficamos sós. Esta é a verdadeira coragem e a verdadeira fé.

Muitas pessoas sucumbem à dor e ao sofrimento, ficam petrificadas com os problemas e entram em negação. Muitas vezes, perdem a coragem de reagir, não resistem e desistem de maneira dramática, aceitando os golpes do infortúnio sem se defender e sem procurar uma saída.

O que fazer para conseguir resistir aos choques da vida?

É preciso acreditar que conseguimos resistir aos problemas, à morte de alguém que amamos, às traições dos amigos e dos familiares, aos desgostos amorosos, à doença, à falta de dinheiro, à velhice e ao desânimo. Devemos, principalmente, manter a esperança de que a vida, apesar de tudo, ainda nos reserva algo de bom.

A vida é feita de momentos bons e maus, de estados de glória e de desespero; é inevitável não passarmos por estes sentimentos antagônicos, pois fazem parte da ideia que conhecemos do mundo: a inexistência do paraíso na terra. Por isso, temos de saber resistir às más experiências e focalizar nas boas recordações, no que a vida nos deu de bom, e ainda dá, preencher o nosso pensamento com a memória de quem amamos e por quem lutamos. Esta é a fonte de energia que precisamos para ter forças para resistir e lutar.

Para cada problema tem de haver uma solução e, se não a temos, não é um problema, temos de encaixá-lo da melhor maneira na nossa tolerância e compreensão. Podemos sempre optar por seguir em frente com a nossa vida, com a perspectiva de que algo bom está prestes a acontecer. Podemos decidir fazer algo de útil com a nossa vida, por nós e pelos outros, e acreditar no nosso sucesso e na capacidade que temos para ultrapassar aquela dificuldade.

Se alguém nos fere, curamos a ferida ou seguimos o nosso caminho com o objetivo de encontrar alguém melhor que irá curá-la. No fundo, é como resistir ao choque mais inesperado, resistir ao problema por pior que ele seja, lutar para superá-lo e vencer.

Resistir ao amor que acaba, resistir ao câncer, resistir à quimioterapia, resistir a uma vida difícil e lutar pela recompensa. Resistir a resistir... porque a vida nem sempre é fácil.

> ❝ *Quem quer rosas deve suportar os espinhos.* ❞
> Provérbio chinês

5ª – Capacidade de ser condescendente

Vivemos num mundo tão acelerado que não temos paciência para mais nada a não ser para as nossas necessidades e comodidades imediatas: "O que eu quero", "o que eu desejo", "o que eu quero que me digam". Vivemos centradas no nosso "eu", egoísta e narcisista.

Somos intolerantes com tudo e com todos, queremos rigor e bons resultados no amor, no trabalho, na vida familiar, em qualquer circunstância, e não queremos erros nem decepções. Queremos filhos perfeitos, maridos maravilhosos, chefes que nos admirem, colegas solidários e famílias amigáveis. Não admitimos a hipótese da existência de erros nem deixamos essa possibilidade ao acaso, o que faz de nós seres intransigentes e dominadores.

As primeiras vítimas somos nós mesmas. Não queremos errar, nem falhar, nem perder o barco do sucesso. Somos muito exigentes e duras conosco e com quem amamos porque nos projetamos neles. Se desejamos um filho lindo e inteligente e descobrimos que ele tem dificuldades de aprendizagem ou que precisa usar óculos com lentes grossas, temos um ataque de nervos. Como se fosse algo muito grave. Se o nosso marido não consegue a promoção que nos dava como garantido um carro novo, temos um ataque de nervos. Se a nossa mãe decidiu desinibir-se junto dos nossos colegas de trabalho no nosso aniversário e contar que nos chamavam de "rolha de poço" na escola primária devido ao excesso de peso, temos um ataque de nervos. Se o nosso namorado tenta dançar para nos impressionar na balada de sábado à noite e mais parece um espantalho descontrolado, temos um ataque de nervos.

Não vale a pena um ataque cardíaco por termos expectativas perfeitas, por querermos ser as mais corretas, equilibradas e notáveis — verdadeiros exemplos sociais. Podemos nos esforçar para sermos as melhores das melhores, mas não vamos ganhar uma medalha de ouro no final da vida por isso. Muitas vezes, ser mediana é excelente, porque é o que somos capazes de ser. Todos os acidentes de percurso são o lado cômico da nossa vida, a graça!

Saber rir das nossas imperfeições é muito saudável. Não podemos estar em todas as frentes nem ganhar todas as corridas e não é grave não ficar nos primeiros lugares da fila. Não faz mal se temos um carro velho e este ano não podemos sair de férias e viajar, se temos de poupar mais dinheiro, se nenhuma celebridade nos conhece ou se não somos famosas. Não é um problema desmedido se a nossa amiga mais íntima desmarcou um jantar em cima da hora, se nos convidaram para uma festa de véspera, se os nossos filhos não são os mais inteligentes da sala, se perdemos o emprego, como não é extremamente grave se nos divorciamos ou se descobrimos que o nosso marido tem uma amante. Aconteceu, a culpa não é sua, não é minha, não é nossa! Livre-se disso! Está na hora de mudar de rumo.

Você já sabe qual é a ideia mais consistente: ocorreu um problema? Tem solução? Solucione. Se não tem solução, a solução é seguir em frente. Não se leve muito a sério, não leve a vida dos outros muito a sério, não se ligue muito ao social. Cuide-se e procure quem a valoriza. Estas situações só têm a importância que lhes conferimos, não valem o nosso desgaste físico e psicológico. Não se esqueça, sempre é tempo de mudar para melhor.

Não faz mal não ser a mais linda, a mais popular, a mais bem-sucedida profissionalmente, não faz mal se os seus peitos já estão caídos ou se continua a ser uma péssima dona de casa. A vida não é um concurso de talentos. Faz muito mal à saúde querer demais, pensar demais, sofrer demais e se estressar demais.

O que realmente interessa são os momentos de bem-estar, as suas gargalhadas, as emoções boas, as pessoas e as vivências que a inspiram e alegram, o resto é "fogo de artifício".

Como ser mais condescendente na sua vida?

Prepare-se, tudo pode acontecer nesta vida, não vale a pena fazer dramas. Nós erramos, os outros erram e a vida continua. O importante é estarmos bem com o nosso interior, em paz e com muita energia proativa para transformar o que aparentemente é mau em algo bom para a nossa existência e encontrar uma saída positiva para cada problema que surgir. Não crie expectativas altas demais, especialmente em relação aos outros, deixe que eles a surpreendam. Quem espera demais, se decepciona. Seja condescendente com os seus erros, com o passado, com a família. A vida não é como você a idealizou? Você não é a única a se sentir assim. A vida nunca é o que esperamos pois é imprevisível. Não queira controlar o que é incontrolável. Não fique decepcionada com os seus fracassos, parta para outro desafio.

Uma vez, ouvi um ensinamento muito simples que acendeu uma luz em mim: "Deus não nos dá logo tudo de uma vez, porque às vezes não estamos preparadas para receber demais. Ter tudo no momento impróprio, poderia ser a nossa destruição".

Sinta-se grata pelo que tem e não gaste tempo sonhando com desejos irreais ou objetivos que não servem para a sua felicidade. Não se preocupe com o que os outros esperam ou pensam de você, viva em função dos seus objetivos pessoais e não para agradar ou receber reconhecimento dos outros. Acredite que só você pode se valorizar e dar a si mesma o reconhecimento que lhe é devido. Aprenda a distinguir o que necessita daquilo que deseja.

Atualmente, as formas de consumo nos deixam insatisfeitas por tudo e por nada, o que nos faz questionar constantemente: "Por que nos criam falsas necessidades, por que não temos uma vida de revista? Por quê?"; "Por que eu não levo uma vida de sonho, com um iate de luxo, e não sou uma diva adorada por todos? Por quê?". A resposta é simples: talvez não seja disso que você necessita. Talvez você não goste tanto desse estilo de vida quanto imagina, porque se quisesse mesmo, estaria disposta a conseguir e correria atrás desse objetivo. Se conhecesse melhor esse tipo de vida, talvez não a escolhesse.

No entanto, garanto que quem tem essa vida de sonho, de "revista", também tem ansiedades, dúvidas existenciais e, muitas vezes, sente-se igualmente mal. Isso ocorre, provavelmente, porque a pessoa sempre ambiciona ter uma vida diferente, uma vida de "cinema", talvez. Por quê? Porque a insatisfação é uma condição da existência humana, porque, de modo geral, não somos condescendentes com a vida que alcançamos, nada nos serve por muito tempo, quer sejamos ricas ou pobres, magras ou gordas, famosas ou desconhecidas.

A insatisfação é uma constante humana e temos de aceitá-la como o motor do nosso desenvolvimento pessoal, sem nos martirizar com as inseguranças previsíveis de que não somos o que gostaríamos de ser, porque para a nossa família, parceiro e para quem nos ama somos sempre uma pessoa muito importante e especial. Este é o verdadeiro sucesso: amar e ser amada. O amor verdadeiro é de graça, acontece mais depressa numa vida simples do que numa vida muito competitiva, exposta a muitos holofotes.

Seja condescendente com a vida que tem e com quem é de verdade. Sinta gratidão por aquilo que alcançou e por tudo o que viveu. Se você tivesse a oportunidade de abandonar a sua família e de mudar de vida como uma estrela de cinema, provavelmente não o faria, porque essa vida que às vezes ambiciona não a faria tão feliz como pensa. Possivelmente, a sua vida de sonho é aquela que tem, aquela de que necessita verdadeiramente para ser feliz. A vida que conquistou e escolheu, afinal, essa até pode ser a melhor vida de todas, porque é a sua e essa extravagância ninguém vai tirar de você, é exclusivamente sua!

Na maioria das vezes, criamos fantasias de vidas maravilhosas que não existem na realidade. Não existem vidas perfeitas nem pessoas perfeitas. A vida não teria graça se não tivéssemos de conquistá-la e se não existissem constantes dúvidas.

> ❝ *Há três coisas que jamais voltam: a flecha lançada, a palavra dita e a oportunidade perdida.* ❞
>
> Provérbio chinês

6ª – Capacidade de descobrir o seu talento pessoal

A maior virtude que alguém pode ter é descobrir os seus talentos pessoais e realizá-los. Ter vontade para desempenhar determinada atividade, realizar uma vocação profissional e extravasar a sua criatividade é a cereja em cima do bolo na sua vida, porque precisamos nos sentir úteis e desempenhar uma atividade para a qual possuímos aptidão, como ser dona de casa e deixar tudo brilhando, ser professora e ensinar, ser artista e criar, ser cozinheira e preparar receitas únicas, ou descobrir atividades mais exuberantes, como ser piloto de aviação, camionista, fotógrafa ou outra profissão qualquer. Além disso, existem vários talentos que ultrapassam o limiar do trabalho, que poderão ser *hobbies*, mecenato ou até voluntariado.

Nem todas as mulheres nasceram para casar e ter filhos, da mesma maneira que nem todas precisam do amor de um homem para se sentirem realizadas. Algumas gostam de ser livres e de seduzir apenas para conquistar e largar, como o pior "Casanova" da praça. Há cada vez mais mulheres com comportamentos individualistas e egocêntricos, que optam por desempenhar novos papéis sociais e encontram diferentes interesses e formas de vida. São opções de vida diferentes que fazem sentido para essas mulheres e que todos devemos respeitar, sem falsas moralidades ou puritanismos, mesmo que não se ajustem com os nossos princípios. Cada mulher escolhe a vida que quer, mas a vida tem um efeito bumerangue, o que criamos é o que mais tarde recebemos.

As aptidões são mais do que papéis sociais que escolhemos para a nossa vida. São as coisas que gostamos de fazer sistematicamente porque nos dão prazer, ou seja, dizem respeito ao que fazemos por gosto e por isso merecem o esforço. É um interesse inesperado em algo que nunca se esgota, uma inspiração.

Um dos maiores desafios da nossa vida é entendermos as nossas vocações sem cair no erro de agir de acordo com o que os outros esperam de nós, e conseguirmos concretizá-las. Pode ser qualquer aptidão, mas a sua escolha não pode ser discriminada, ela é pura, mesmo sendo exótica e exuberante: ser artista de circo, nômade, indigenista, monge budista, astróloga, teóloga ou dançarina de *pole dance*. Não importa o que os outros digam, desde que você esteja feliz com as suas opções. Doa a quem doer, siga o seu coração.

Num mundo perfeito, cada pessoa escolheria o seu caminho sem atropelar ou prejudicar ninguém. Infelizmente, nem sempre é assim. Todavia, devemos seguir o princípio da honestidade e não nos deixar influenciar pelos maus exemplos, porque o que se dá é o que se recebe. Seguir este princípio talvez seja mais difícil, pois, por vezes, as pessoas se utilizam umas das outras para atingir os seus fins, sem se preocupar em construir uma vida com base nas suas capacidades. Muitas vezes, copiamos os maus exemplos e, posteriormente, reclamamos que algo não deu certo, que nada parece funcionar, que erramos nas nossas escolhas. É óbvio que essas opções não funcionam, pois já começaram de maneira errada. Não devemos nos servir maldosamente de ninguém, isto é, não devemos usar os outros apenas para facilitar a nossa vida. Devemos ser genuínas, dedicadas às nossas metas e dar sempre o nosso melhor. Dificilmente encontraremos a realização pessoal se ficarmos com alguém só porque temos medo de estar sozinhas, se casarmos por dinheiro e se exercermos um trabalho administrativo só porque é mais seguro.

Nunca é tarde para inverter o rumo da sua vida, caso não esteja combinando com a sua vontade interior. É preferível escandalizar os mais incautos e agir de acordo com a sua vontade do que ser infeliz e prejudicar todos que a rodeiam. Para descobrir os seus talentos pessoais você precisa se arriscar, experimentar e optar, inúmeras vezes, até encontrar algo que adore fazer. E, para descobrir os seus talentos, é preciso ouvir a voz do seu coração, e essa voz nem sempre é socialmente a mais aceita, precavida e estável. Nos dias de hoje, às vezes é preciso coragem para seguir o seu talento pessoal, caminho que nem sempre é fácil, mas vale pela recompensa.

Uma mulher que não deseja ser esposa, não deve se casar. Uma mulher que não deseja ser mãe, não deve ter filhos. É preciso ter a coragem de seguir o seu caminho e exercer os seus talentos pessoais, mesmo que tenha de quebrar convenções e chocar mentalidades. Se você contrariar a sua essência, cairá na infelicidade.

É importante compreender que não podemos ter tudo ao mesmo tempo e que, se escolhemos um caminho, temos de abandonar outros. Por exemplo, se você escolher ser uma mãe presente, não pode ser uma executiva com carreira internacional que a obrigue a se ausentar por muito tempo, pois não conseguirá ser uma mãe convencional. Pode até ser uma boa mãe, mas nunca uma mãe completamente presente. Existem conciliações possíveis, cada vida tem a sua singularidade, mas não se pode ter tudo, pelo menos ao mesmo tempo. Algumas escolhas anulam outras. Por isso, defina as suas prioridades e não se arrependa. Cumpra as suas metas num tempo próprio, no tempo possível. No seu tempo.

São as suas opções, cada uma tem um tempo e uma exigência precisa, não existem impossibilidades permanentes, cada pessoa constrói a sua vida de acordo com as suas prioridades, possibilidades e circunstâncias do momento. Com certeza haverá mulheres com a vida mais fácil do que outras, algumas poderão ser mães dedicadas e executivas itinerantes, porque têm uma vida privilegiada com um séquito de ajudantes ao seu dispor, mas não estarão sempre presentes.

Não é uma tarefa fácil para a mulher escolher os papéis da sua vida, pois ela tem de conciliar a maternidade com a profissão, com o casamento e com a respectiva individualidade — é um enigma feminino. As mulheres modernas mais precavidas conquistam a ajuda e o estilo de vida que lhes permite maior realização na carreira e na vida familiar. Mas, com relação à maternidade, para a esmagadora maioria, existe um impasse: para desempenhar o papel de mãe, não há hipótese de desempenhar outros papéis, ou acabam desistindo, esgotadas de tanto cansaço.

Infelizmente, para a maioria das mulheres não é possível ter muita ajuda na gestão dos deveres da família, da casa e da maternidade, portanto, não vale a pena inventar que os nossos desejos são ordens, pois não o são. O seu trabalho e esforço são a única coisa que vale na sua vida real. Lutou, se esforçou e conseguiu. Só há este caminho para a maioria das mulheres: esforço! Para muitas, por vezes, nem existe a possibilidade de lutar para conseguir algo que desejam muito; não há essa hipótese.

São muitas as mulheres que nascem numa situação pouco favorecida, e o simples fato de sobreviver já é uma grande vitória. Contudo, há um momento em que todas nós podemos melhorar e decidir pela própria cabeça. Repensar os nossos talentos e construir o nosso futuro, fazer a nossa sorte. Esse é o caminho da atitude positiva e do talento pessoal. E nunca é tarde para alcançar. A vida moderna, a mídia e as mensagens publicitárias nos dão uma ideia errada de que podemos ter tudo e de que podemos ser mil pessoas numa só. Não é verdade, não é assim, não há tanta abundância de escolhas nem temos sete vidas como os gatos. Umas opções eliminam outras e, se erramos, sofremos; as más decisões podem nos fazer regredir bastante ou podem condicionar uma vida inteira.

Como posso encontrar o meu talento pessoal?

Para procurar o seu talento pessoal, é preciso ter uma atitude otimista: você deve procurá-lo incansavelmente se for necessário, até o fim da vida. Este é o caminho a seguir: a procura. Isso significa trabalhar por paixão, seguir o entusiasmo que nos leva a produzir algo e a ser úteis na sociedade em que vivemos. Descobrir as nossas habilidades, muitas vezes, é o mesmo que inventá-las.

Para que a sua busca tenha êxito, você deverá escolher o seu talento de acordo com o que gostaria de fazer e começar a experimentar as suas aptidões até acertar e se sentir satisfeita, sem pressa, ansiedade ou pensamento nos frutos que podem vir, tal como o lucro financeiro. Esta descoberta é um pouco demorada para a maioria das pessoas e não deverá ser precipitada.

Há muitas maneiras de exercermos os nossos talentos, basta descobrir quais são. Muitas vezes, os nossos dons estão nas nossas memórias de infância, guardados no baú das boas recordações, onde deixamos para trás o que não tivemos coragem de fazer por vergonha, medo ou falta de oportunidade. Precisamos experimentar agora, independentemente da nossa idade ou condição civil, para percebermos o que nos interessa e se esse antigo desejo ainda encerra um talento pessoal. Nunca é tarde para fazer o que se gosta, seja aos 20 ou aos 80 anos. Acredito que todas nascemos com um talento especial que é como um presente que damos aos outros e a nós mesmas. Temos a obrigação de procurar essa motivação durante a vida e colocá-la em prática, porque esse é o verdadeiro elixir da felicidade e da nossa realização pessoal.

É muito importante não ter vergonha nem receio do julgamento dos outros — o medo do ridículo, muitas vezes, não nos deixa arriscar, porque é mais seguro permanecer no nosso cantinho, sem críticas, do que ficarmos expostas e sermos alvo de comentários e de inveja. Não vale a pena deixar de ser feliz, pois sempre vão existir vozes contra o que fazemos. Na realidade, mesmo que façamos uma obra-prima, haverá sempre quem goste e quem não goste. Ignore o que a incomoda e faça o que lhe der vontade.

> ❝ *Antes de dar comida a um mendigo, dê-lhe uma vara e ensine-o a pescar.* ❞
>
> Provérbio chinês

7ª – Capacidade de nos cuidarmos

É muito importante tomarmos conta de nós mesmas, o que frequentemente nos esquecemos de fazer. Tomamos conta de tudo e de todos, menos de nós. Vivemos preocupadas com o bem-estar dos filhos, do marido, dos irmãos e dos pais. Fazemos enormes sacrifícios pelos filhos e frequentemente nos colocamos no fim da lista de prioridades.

Você precisa tomar conta de si mesma como se estivesse tomando conta do seu bebê (se nunca teve um, imagine como seria). Cuide da bebê que já foi. Lembre-se de hidratar a pele com todo o carinho, de consumir alimentos que lhe fazem bem, de se mimar quando estiver triste, de tomar sol por causa da vitamina D, de ir ao médico para saber se está tudo bem com a sua saúde, de passear e divertir-se ao ar livre para se desenvolver com felicidade e saúde. Na realidade, você é o seu primeiro e último filho.

Para cuidarmos de nós mesmas, devemos nos aceitar com as nossas limitações e perceber que não somos perfeitas e que isso não tem nenhuma importância. A perfeição não existe. E se algo ou alguém lhe parece perfeito, saiba que está enganada, todos temos defeitos. A perfeição é antinatural e não traz proveito. Até uma obra de arte é bela para uns e horrível para outros. É terrível lutar contra a gravidade e contra o envelhecimento de forma exagerada, mas é também horrível não tratar da saúde, da beleza e dos prazeres pessoais.

Se você não se tratar, se ficar sempre em último lugar, que mensagem passará ao seu parceiro, filhos, familiares e amigos? Algo do gênero: "Sou muito desmazelada e não tenho grande consideração por mim mesma. Podem se colocar à minha frente porque eu fico sempre em último lugar, aliás, não faz mal porque sou eu quem me coloco nesse lugar com muito orgulho, e aviso, desde já, não me deem nada no Natal, não preciso de nada, nem mereço". Não passe a mensagem errada, é difícil reverter comportamentos adquiridos. Mas nunca é tarde para mudar de atitude e isso refletirá no comportamento de todos à sua volta. Se souber se autovalorizar e manter um aspecto bem cuidado, aparecerá aos outros mais confiante e atraente. As suas relações mudarão para melhor, no amor, na amizade, na família, no trabalho e na sociedade em geral. Porque olharão para você como alguém que tem amor-próprio e se valoriza. Por isso, será um bom exemplo para os outros, será vista como alguém admirável, uma companhia agradável e alguém que gostaríamos de conhecer melhor. Essa imagem positiva é a recompensa pelo esforço de nos cuidarmos, mesmo quando estamos muito cansadas ou desanimadas.

Pense bem, você gosta de estar junto de pessoas desmazeladas que não se cuidam e que não têm amor-próprio? Ame-se, adore-se e cuide-se. Você irá perceber que receberá mais amor, será mais valorizada e admirada por todos.

A beleza, a juventude e a magreza são as maiores paranoias que colocaram na cabeça das mulheres neste século. Temos de viver com estes padrões de modo racional, pois o que faz sentido é ter um corpo com muita saúde e o peso recomendado para a sua altura e idade. Mas quem é que nos faz acreditar nisto? Nas revistas femininas como a *ELLE,* a *Vogue* ou a *Cosmopolitan*, surgem imensas imagens de mulheres magras e lindas, sem estrias e sem celulite, que representam o modelo de beleza vigente. Mulheres famosas que alegam já ter tido três filhos e parecem ter a barriga de uma jovem de 20 anos, como é possível? Bom, não é possível! É uma grande ilusão, nada disso existe. Sabe quantas pessoas são necessárias para colocar alguém na capa de uma revista? Quantas pessoas são necessárias para preparar uma apresentadora de televisão? Muitas, muitas mesmo. Entre estilistas, cabeleireiros, maquiadores, produtores de moda e outros extras fundamentais: muita iluminação e ventiladores para causar a ilusão de movimento nas fotografias. Existe também um programa de computador chamado Photoshop que trata as imagens e deixa as mulheres mais magras, com mais curvas e sem rugas. Há também uma equipe de produção de imagem que trabalha com maquiadores, produtores de moda e técnicos de iluminação para que essas mulheres pareçam fantásticas. Isso sem contar os *personal trainers* que as obrigam a horas de exercício físico, os centros de estética, as clínicas de cirurgia plástica, onde podem fazer implantes de silicone, aplicar botox no rosto e optar por mil técnicas novas de rejuvenescimento.

É isso que essas mulheres mais velhas fazem para combater a velhice! Se é importante para você parecer muito mais nova e se tem a certeza de que se sentirá mais feliz, se simpatiza com essa expressão facial e se não tem contraindicações médicas, faça também. Você pode começar por pequenos procedimentos que não se notam tanto e que vão melhorar a sua autoestima.

Como posso aprender a cuidar de mim?

É importante estar bem, por dentro e por fora. Sabemos que sentir-se mal com você mesma não vai deixá-la desfrutar o tempo e a convivência com os outros. O melhor a fazer é pensar: "OK! Estou mais gorda, mas não vou morrer por isso. Vou fazer um esforço para emagrecer e nesta semana cortarei os doces, na próxima, o pão. E vou me esforçar até conseguir ficar mais magra. Mas hoje vou aproveitar a vida e cuidar mais de mim". Não se pode mudar tudo de repente, os quilos não desaparecem nem se ganham num só dia. Por isso, não vale a pena se castigar por causa dos excessos ou da vontade incontrolável de comer um chocolate. Coma e saboreie, é bom. Depois, estabeleça alguns objetivos para recuperar a boa forma e o bem-estar, como, por exemplo, fazer caminhadas de trinta minutos por dia, passeios ao ar livre ou de bicicleta. Se você detesta se mexer, controle as calorias que ingere e, dia sim dia não, prepare um jantar vegetariano à base de sopa (sem batata nem cenoura), saladas e leguminosas. Você verá que, em um mês, vai emagrecer bastante.

O mundo não mudará radicalmente só porque você ficou mais bonita, emagreceu ou pintou os cabelos brancos. Mas você vai se sentir muito melhor e isso, aos poucos, faz com que a vida vá mudando e os problemas sejam superados de maneira mais fácil, só porque está mais feliz e satisfeita consigo mesma e tem mais força para viver. Para cuidar de si mesma, você tem de aceitar suas emoções, não importa se está sentindo medo e raiva, esses sentimentos são úteis, pois a preparam para situações difíceis e a protegem de possíveis perigos. Não há nada que seja completamente ruim, existe sempre algo de positivo que podemos extrair de uma emoção difícil ou de um acontecimento indesejado.

Estas capacidades são também táticas de estratégia de vida que servirão para viver com entusiasmo e alegria. Refletem a melhor atitude proativa a tomar e é esse o ponto de partida para você se sentir mais realizada. Mas, antes, faça o seguinte: coloque-se em igualdade de circunstância com essas mulheres lindíssimas que você vê nas revistas, e experimente colocar a sua imagem à prova como elas colocam. Talvez você não precise fazer uma cirurgia plástica e, consequentemente, ficar com cicatrizes a mais no corpo, basta que pratique exercícios físicos moderados, faça uma alimentação saudável e uma renovação da sua imagem e do guarda-roupa.

Aceite o desafio e faça um *book*, contrate alguém através de um estúdio fotográfico ou de um site. Atualmente, muitos estúdios fotográficos dispõem de maquiadores profissionais e até de diferentes trajes para uma sessão fotográfica, como se fosse uma verdadeira produção de moda. Você pode tirar fotografias de *jeans*, de vestido de noite ou com uma roupa temática (*bond girl*, dançarina árabe, ou o que a sua imaginação ditar), seja criativa e verá que ficará satisfeita com o resultado. Um desafio para o seu bem-estar mental, absolutamente divino, que resultará numa bela recordação do seu melhor momento.

Se anda despreocupada com o visual e acha que já está muito fora de moda, você também pode procurar uma empresa de consultoria de moda para descobrir que estilo de roupa e penteado a favorecem mais; ou pode buscar esta informação na internet, em sites relacionados ao assunto ou blogues sobre moda. Aproveite a sua produção fotográfica para melhorar a sua imagem e o modo de se vestir. Você pode achar que isso é um desperdício de dinheiro, mas não é, tudo o que contribua para a sua autoestima e bem-estar físico e mental é o melhor investimento que você pode fazer para si mesma. E se você não leva jeito para decidir sobre questões de moda, aproveite a opinião dos profissionais.

Produza-se como desejar, mas ponha-se bonita e feliz. Você aprenderá que tem potencial para brilhar e que poderá se produzir um pouco mais para sair para jantar ou até mesmo só para brincar de ser celebridade sempre que lhe der vontade. E, principalmente, você perceberá que são imagens produzidas, momentos captados pela objetiva da máquina fotográfica que não são exatamente o reflexo da vida real, porque as celebridades não andam de saltos agulha para levar o filho à escola ou ir à farmácia. As revistas ajudam a criar histórias de mulheres especiais, que aparentam ser muito acima da média em tudo, porque promovem a venda de produtos ou das próprias revistas.

Se em vez de um ideal mostrassem o que é comum, não teríamos curiosidade de bisbilhotar a vida de pessoas vulgares. Queremos sempre acreditar em ideais impossíveis, mulheres com vidas fabulosas e o mundo a seus pés, cujos desejos são ordens. A questão é que essas mulheres não existem na vida real.

Apesar de ser largamente difundida a imagem da mulher perfeita, que possui uma beleza inconfundível e uma vida exemplar, isso está longe de ser verdade. Muitas vezes, as celebridades inventam histórias de vida para terem exposição midiática. Não acredite em tudo o que lê nas revistas, quase sempre é uma autopromoção de imagem e atributos. As celebridades são um "produto" que tem de ser vendido pelos seus agentes para serem faladas e contratadas, e é assim que ganham contratos de publicidade, participam de programas de televisão e eventos públicos, e é a partir disso que constroem uma carreira que se baseia na imagem. Essa imagem, às vezes, é positiva, outras vezes é propositadamente negativa, dependendo do que mais vende no momento.

As revistas são puro entretenimento, servem para nos distrair e são úteis para estarmos a par das tendências da moda e dos estilos de vida em voga, ou ainda, dos locais mais badalados da cidade no momento.

Porém, se expusessem a verdade nua e crua, não haveria *glamour* nem imagens idealizadas, não haveria sonhos para vender nem produções de moda para nos fazerem comprar produtos. Seria tudo mais cinzento e menos divertido. Aproveite e desfaça esse *feedback* positivo, saiba distanciar-se dos estereótipos insípidos desse universo cor-de-rosa.

Não embarque em histórias da "carochinha", todas as mulheres são mais belas quando produzidas e maquiadas e mais feias quando acordam, independentemente do peso, da idade e da cor de cabelo. Gordas e magras tornam-se divas numa sessão fotográfica com a luz certa.

A beleza é uma atitude de confiança acerca da forma como nos sentimos em relação a nós mesmas, é um pouco daquilo que pensamos ser por dentro e que se reflete por fora. O mais importante é sermos lindas ao acordar, sem nenhuma produção, para quem nos ama de verdade. Esta é a beleza que interessa. Não acha?

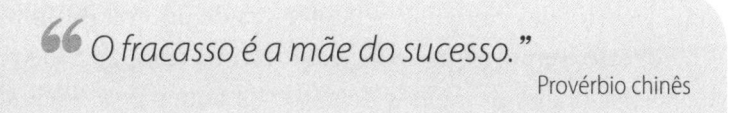

> ❝ *O fracasso é a mãe do sucesso.* ❞
> Provérbio chinês

Caso real: ser a estrela da sua vida

Isabel deparou-se, em determinada altura da vida, com uma crise existencial de imagem e falta de autoestima, por ter ignorado o seu aspecto físico. Ficou grávida pela primeira vez e engordou 35 quilos, dada a vontade crescente de comer e o estresse que sentiu por deixar de fumar. Não se deu conta do que lhe aconteceu, talvez a ansiedade e o medo tivessem tomado conta dela.

Para superar a ansiedade, devorava sucessivamente deliciosos sorvetes de chocolate com caramelo e cobertura extra de chocolate e nozes, como se vivesse num sonho de criança em que se pode comer os doces que sempre desejou e provar tudo sem restrições. Ainda hoje acha que o filho cheira a sorvete e biscoitos. O bebê chegou ao mundo com 3,7 quilos, perderam-se uns fluidos durante o parto e os trinta quilos de sorvete ficaram: "Que gracinha! Trinta segundos na boca e uma vida inteira nas coxas!".

A estratégia adotada por Isabel foi: exercício físico, uma dura dieta, fome, muito sacrifício e muito suor para que, 11 meses depois, reconquistasse os desejados 59 quilos. A sua satisfação foi tanta que, antes mesmo de ter chegado à meta pretendida, decidiu fazer algo especial por estar alcançando o aspecto que desejava e fez uma brincadeira com a sua imagem. Marcou uma sessão fotográfica para o seu bebê e pensou: "E se eu me maquiasse e me produzisse com uma roupa transada e tirasse umas fotos como se fosse uma modelo fotográfica, para celebrar esta fase da minha vida?". Ela fez uma sessão de fotografia com o seu bebê e outra sozinha, nas poses mais artísticas que conseguiu reproduzir. O resultado a surpreendeu, não parecia ela. Quem era aquela mulher fatal? Não podia ser! Era ela!

Isabel compreendeu que aquelas fotografias eram apenas momentos de charme que foram captados e que todas as mulheres podiam ter os seus momentos de vaidade e emoldurá-los, independentemente do peso e das imperfeições, pois, quando produzidas, todas se parecem com celebridades captadas pela objetiva de um fotógrafo profissional.

Por isso, sempre que sente a autoestima fraquejar, ela repete a experiência. Na realidade, apesar de não estar com o peso ideal nas primeiras fotografias que tirou, estas foram as que mais gostou, tendo-as colocado no quarto e sentindo-se muito orgulhosa. Mesmo estando com oito quilos acima do peso ideal, nelas estão a imagem que mais gosta de ver e, quando as vê, nunca repara no peso que tem a mais. É uma questão de como se ver e de ter a atitude certa.

Missão e princípios da mulher moderna

A perpetuação da vida e da espécie humana é uma tarefa predominantemente feminina. Apesar de a sociedade atual ainda considerar a supremacia do homem, esta propensão é, na óptica do *marketing* da mulher, antinatural. A mulher detém, de fato, mais responsabilidade no desenvolvimento humano, pois cabe a ela desenvolver a sua cria dentro e fora dela, sendo esta a dádiva feminina mais maravilhosa da natureza — ser mãe por instinto e por vocação. Mãe da fecundidade, mãe que alimenta, mãe na transmissão da fé e da cultura, mãe na transmissão do amor à criança e aos adultos. Que mistério encerra a mulher? Somos fortes, guerreiras, sábias e todas muito diferentes.

O homem e a mulher formam, no planeta, a simbiose perfeita, cada um tem um papel e uma função que se complementam. Mas, na vida real, é a mulher quem está mais presente no acompanhamento dos filhos: é quem dá mais afeto, quem cuida mais, quem alimenta e quem mais educa; e não só os próprios filhos como também os filhos dos outros. Além disso, a mulher está fadada à gestão dos pequenos conflitos domésticos e sociais.

Historicamente, as mulheres sempre se dedicaram à solidariedade, à transmissão do ensino e à prestação de cuidados aos mais desfavorecidos. São seres que se dedicam a dar afeto aos outros seres e que, aparentemente, estão mais ligados ao bem e aos valores importantes para a humanidade. Isso acontece porque a natureza estabeleceu que assim deveria ser para a sobrevivência da espécie. É nosso instinto cuidar e, se não o fizéssemos, os filhos não sobreviveriam aos primeiros anos de vida. Contudo, parece que alguém tem se aproveitado desta nossa vocação para a bondade, porque nada na natureza deu a entender que a mulher teria de cuidar dos seus bebês e de outros "bebês mais crescidinhos" até ao fim da vida. Fazemos isso como se fosse uma obrigação natural, às vezes sem vocação alguma; tomamos conta do nosso marido como se fosse um filho e nos esquecemos de tomar conta de nós mesmas. Com a evolução das mentalidades, ficamos um pouco "sublocadas" relativamente aos nossos papéis e responsabilidades na sociedade e ganhamos o direito de acumular tarefas mal remuneradas. É o mundo que temos e é dele que temos de nos livrar.

Durante séculos perdemos a nossa liberdade, agora está na hora de mantê-la ou de lutar mais por ela, mas não devemos lutar pelo direito à igualdade, e sim pelo direito à diferença. O seu companheiro já é crescido e chegou a hora de destinar os seus cuidados e os seus mimos também para si mesma.

Parece que a sábia natureza sabia o que nos esperava e, apesar de tudo, conseguiu desenvolver uma mulher mentalmente multifacetada que, mesmo cansada, é dotada também de apetite sexual.

Ao longo dos tempos, sempre nos impingiram que devíamos adotar a imagem de mulher obediente, de mãe, quase uma virgem imaculada que não tem ímpetos sexuais nem necessidade de prazer, e que vive muito bem sem o desejo. Tudo isso só para fazermos mais horas extras... Acredito que, em pleno século XXI, ninguém duvida que a mulher é um ser complexo, tem tanto de santa quanto de devassa. Depende do *timing*, da inspiração e da circunstância.

A liberdade da mulher sempre foi reprimida pelas mentalidades retrógradas e pela educação religiosa. Apesar de toda a evolução feminina, ainda existem muitos condicionamentos e discriminações contra as mulheres. No entanto, a história cristã descreve um Jesus Cristo libertador da mulher, que acolheu uma prostituta como igual: Maria Madalena. Era um homem moderno, que viveu rodeado de mulheres e quebrou convenções muito à frente do seu tempo, mostrando como as mulheres são fortes e guerreiras da vida. Ele desejava que a mulher tivesse um papel interveniente na sociedade e em liberdade. O que aconteceu em nome da religião não foi o que ele preconizou. A repressão feita à mulher foi realizada em nome de um controle político-social masculino, imposta pela força, e dura até aos dias de hoje. Esta é uma realidade politicamente aceita em muitas partes do mundo, principalmente em países muçulmanos, africanos e asiáticos, portanto, não é algo que possamos esquecer ou deixar que vire história.

Por sorte, a natureza acaba sempre prevalecendo, as mentalidades mudam e as sociedades evoluem, mesmo que isso aconteça lentamente. A mulher não é uma santa, nem tem de viver como tal, pois não vai receber uma medalha de bom comportamento quando chegar ao céu. Esse é o maior "engodo" que os homens nos impingiram: viver em consonância com princípios morais e religiosos de tal ordem exigentes e respeitáveis que nos levam à infelicidade.

Exemplo disso é a ideia de que o sexo só serve para procriar, que o desejo sexual é algo leviano e sujo e que a mulher não precisa sentir prazer; quem faz sexo são as "meninas malcomportadas". As "meninas bem-comportadas" que gostam dos pais fazem só o que eles dizem... e eles dizem que isso não é nada respeitável! São muitos os princípios e valores que amordaçaram as mulheres e que passaram de geração em geração, chegando até os dias de hoje. Por isso, há momentos em que devemos parar para repensar as nossas convicções éticas e morais e "reformatar o disco", questionando: "Mas de onde fui tirar isso?", "Está errado por quê?", "E se eu quisesse fazer exatamente o contrário?".

Muitos desses princípios e valores opressores são humanamente impossíveis porque a mulher não pode viver com a expectativa social da perfeição, da maternidade imaculada, da boa samaritana, da mulher perfeita que dá tudo e não precisa receber nada. A perfeição não existe, só existe a evolução dos seres e é sempre uma busca individual e interior. Se você estiver bem com a sua sexualidade é capaz de tudo na vida, mas, se ao contrário disso, viver oprimida sexualmente, toda a sua vida ficará condicionada. A sexualidade faz parte da natureza humana, não é um privilégio exclusivo dos homens. Não pode ser uma necessidade contrariada ou algo que possamos dispensar. Não podem existir medos: de falhar, de fazer algo reprovável ou de ser malcomportada... é preciso ultrapassar esses tabus.

A maior liberdade que você deve conquistar é a do seu pensamento. Construa uma mentalidade aberta e livre de preconceitos, porque ao fim de centenas de anos vivendo sem informação e em repressão, muitas ideias erradas ficaram enraizadas em algumas mentalidades e culturas. A mulher não é perfeita nem deve viver com esse estigma.

Às vezes, a mulher é forte, outras vezes é frágil. A mulher é infindável. Há mulheres fiéis, mulheres adúlteras e há mulheres estáticas e outras em transformação.

O que a mulher precisa?

A mulher precisa estar em paz com a sua sexualidade, pois durante séculos foi reprimida e ainda continua a ser muito condicionada pela educação sexual que recebe. "Não faça isso ou vai engravidar!", "Não faça isso porque vão usá-la e você ficará malvista!", "Isso não é digno de uma mulher de bem!". Assim não dá...

Ganhe a liberdade de ter uma sexualidade ativa e saudável. Concentre-se na informação que detemos sobre a fisiologia feminina e siga os seus instintos. A mulher também nasceu com vontade de sentir prazer, a natureza encarregou-se de lhe dar um órgão com oito mil fibras nervosas, a que os chineses chamam "porta do céu": o clitóris.

Este é o órgão mais sensível do corpo e tem como função exclusiva dar prazer à mulher. É como um tesouro particular da mulher, quase uma garantia da natureza para que ela mereça ter uma compensação de prazer: um "orgasmo garantido". Este órgão é também uma evidência de que o corpo da mulher não serve só para procriar, serve igualmente para lhe dar prazer. A natureza não deu à mulher apenas o papel de progenitora e cuidadora, também deu a ela o papel de predadora sexual.

Cabe a você escolher a sua missão, os seus valores e as suas funções na vida, de livre e espontânea vontade, sem ter medo de se relacionar sexualmente e de descobrir o amor descompromentido, sem ter de colocar o casamento à frente da sua carreira só porque foi assim que a sua mãe recomendou, porque foi assim que a mãe dela também fez, porque foi assim que a sua bisavó também exigiu.

Seja portadora da sua própria mudança, quebre as convenções que não foram decididas por você. Hoje, você pode ser o que quiser, uma executiva de sucesso, empresária, mãe, casada, solteira ou divorciada, com filhos ou sem filhos. Pode ser uma profissional liberal que trabalha em casa e cuida dos filhos, pode casar várias vezes ou não. Pode tudo. É você quem escolhe o seu papel e as suas prioridades na vida. Na perspectiva do *marketing* da mulher moderna, você pode ser tudo em diversas fases da sua vida, devendo, por isso, gerir as suas prioridades. Você deve ter experiência para decidir com conhecimento de causa, pois só desse modo terá noção do que necessita para ser feliz.

Tem de errar para aprender, mas deve minimizar ao máximo as hipóteses de erro e os danos; para que não caia em falsos moralismos e estratégias machistas de controle, convém ter uma estratégia bem delineada para a sua vida. Deve, acima de tudo, desenvolver as sete capacidades citadas anteriormente: ser capaz de mudar para evoluir, ser independente para ter liberdade, saber perdoar para viver em paz, resistir para não perder a força de vontade, ser condescendente para não exigir demais, descobrir o seu talento pessoal para se sentir satisfeita e cuidar de si mesma para ter amor-próprio.

Assim, terá sempre uma atitude positiva e viverá orientada para o seu bem-estar. Este é o ponto de partida para decidir aonde quer chegar e o que deseja alcançar, portanto, você necessita de um plano de ação, de construir a sua própria missão de vida e de descobrir os valores em que acredita. Precisa escolher uma estratégia de *marketing* pessoal para encontrar o amor no mundo e dentro de si mesma.

Contexto para criar a sua missão de vida e escolher os seus valores orientadores

Esta é a era das mudanças por excelência, é o momento de reinventarmos o papel da mulher no mundo. Está na hora de exigir, de sair de casa ou de voltar para o lar. Chegou o momento de pôr a mão na massa e de ter uma vida feliz. Uma vida escolhida por si.

Todas as mulheres precisam de valores orientadores para a vida, valores que têm de ser escolhidos individualmente, porque são, sobretudo, para o seu próprio benefício. Você não pode viver seguindo valores em que não acredita ou que foram impostos à força. Cada mulher deve escolher os seus valores e o seu estilo de vida. Todas as mulheres são diferentes, algumas seriam mais felizes se pudessem trabalhar das 9h às 16h, para se dedicarem à família e aos filhos, outras gostariam de fazer o percurso inverso e desenvolver uma carreira de sucesso. Existem, com certeza, outras mulheres que desejam ambas as coisas ou que procuram algo diferente. Este é o caminho da modernidade: cada uma escolhe o seu percurso de vida sem precisar se preocupar com o que é socialmente correto. Desse modo, há a necessidade de prosseguir com uma mudança de mentalidade corajosa, com mais mulheres engajadas na política, pois para podermos ter mais oportunidades precisamos que as decisões sejam tomadas por alguém que compreenda os problemas das mulheres: e elas são mais conscientes nessas temáticas. Precisamos urgentemente que todas as mulheres com talento para os aspectos sociais da vida se dediquem à política e às causas cívicas. É necessário que se mobilizem e queiram participar para reivindicar essas funções.

A vida é muito mais do que desejar sapatos *Jimmy Choo* ou uma bolsa *Louis Vuitton*. Existe inspiração para além da moda, apesar de esta fazer parte da estética feminina, do que se convencionou chamar beleza. Podemos conciliar todos os nossos interesses — moda, beleza, família, trabalho — e incluir também as causas sociais e políticas. Temos igualmente de cultivar o outro lado da vida mais "cinzento" e masculino. O mundo precisa urgentemente da intervenção da mulher na política, os grandes conflitos internacionais teriam outro desfecho se fossem também geridos por mulheres, as guerras não aconteceriam se elas pudessem interferir nessas decisões com a sua imensa capacidade conciliadora e a sua sensibilidade afetiva. Arregace as mangas e participe. Intervenha socialmente na sua comunidade, na sua esfera de influência, no seu trabalho e na sua família. Faça uma coisa que os homens detestam que a mulher faça: dê a sua opinião quando os assuntos lhe interessam.

4

Como transformar-se na diva da sua vida

Tal como as empresas, precisamos de um caminho, de uma missão orientadora na vida e de objetivos para prosseguir. Normalmente, este é o primeiro passo do *marketing* empresarial, porque é o princípio de tudo e define a história futura da empresa. O mesmo se passa com a nossa vida. Sem uma orientação e sem metas não chegamos muito longe, e é na definição da missão, dos princípios e dos objetivos de vida que as pessoas geralmente falham. Isso ocorre com as mulheres porque elas não têm liberdade de escolha suficiente nem estão habituadas a decidir e a pensar sobre a sua vida com autonomia.

Está na hora de escolher o seu caminho e não deixar que a sua vida siga com a maré, umas vezes alta, outras vezes baixa. É fundamental definir quais são os seus princípios e valores, e descobrir-se para traçar as suas metas e escolher os seus objetivos. Você precisa definir a sua missão de vida — aonde pretende chegar — e deverá ser algo grandioso e significante, porque isso é ser a diva da sua vida, é o sonho de mulher que você tem para si mesma.

A sua missão pessoal pode ser a voz da sua alma, dos seus desejos profundos e secretos, algo que defina o seu carisma e a sua passagem pelo mundo. Tanto pode ser a missão de construir uma família saudável e feliz como a de ser uma artista famosa, mas também é possível conciliar as duas. A sua missão deverá ser considerada algo muito importante: você terá de lutar para alcançá-la.

A sua missão é só sua, é a sua obra-prima, é algo muito pessoal

Pense na sua missão e escreva-a num papel ou num diário; leia sempre que for preciso e reescreva se mudar de opinião ou de interesses. Na vida, temos de aceitar as mudanças como algo favorável e positivo. "Só os tolos é que não mudam", diz a sabedoria popular. Não seja teimosa e dê uma oportunidade para que a vida a surpreenda.

A missão da nossa vida é sempre evolutiva. Acredite que depois do esforço vem a recompensa e que, se exigir patamares elevados à sua vida, os desejos a elevam a uma dimensão de maior qualidade e de maior retorno afetivo.

Para construir a sua missão você precisa se questionar. Peter Drucker, um famoso consultor empresarial, levantou algumas questões fundamentais que são consideradas pelas empresas para a definição da sua missão, como, por exemplo: "Qual é o nosso negócio?", "Quem é o nosso consumidor?", entre outras. Para construirmos a nossa missão, também temos de nos questionar e o processo pode ser idêntico.

Na nossa vida, também temos de colocar algumas questões importantes:

- Quem somos?
- Que princípios regem a nossa vida?
- Que tipo de parceiro gostaríamos de encontrar?
- Que estilo de vida gostaríamos de ter?
- Que profissão desejamos exercer?
- De que precisamos para ser felizes?

A missão é construída por influência de cinco elementos que aplicaremos à nossa realidade. Em primeiro lugar, temos de considerar a nossa história pessoal, nosso passado, ou seja, a história da nossa vida, o percurso que faz de nós seres únicos e com determinadas características. Em segundo, as nossas preferências atuais, o que desejamos no momento para a nossa vida. Em terceiro, a influência do meio que nos cerca, que no *marketing* recebe a designação de ambiente de mercado, em que se enquadram as tendências atuais da sociedade e os diversos estilos de vida existentes. Em quarto, os nossos recursos. Convém não desejar missões impossíveis (como ser modelo de passarela e ter apenas um metro e meio); devemos ambicionar missões grandiosas mas não demasiado exigentes para as nossas capacidades. Por último, definir a missão de acordo com suas competências, características pessoais, talento pessoal, como o que realmente gosta de fazer e lhe dá prazer, porque tudo isso lhe trará vantagens em relação às outras pessoas. A sua missão deve lhe mostrar uma visão da vida, deve iniciar o caminho e dar a direção a seguir. Formular a sua missão é como enunciar um desejo particular.

Algo como: *Viver a vida a cada segundo, aproveitar todas as oportunidades para evoluir como jornalista. Ganhar um prêmio de jornalismo e não depender de nenhum homem para nada.*

Ou a sua missão poderá ainda ser algo como: *Viver com amor numa família numerosa, cheia de alegria. Ter um marido amigo e compreensivo, criar um ateliê de restauração e determinar os meus próprios horários.*

A sua missão só diz respeito a você mesma, portanto, ela pode refletir os seus desejos mais secretos, sem falsas moralidades; cada mulher sabe o que a faz sentir-se bem. Atualmente, muitas mulheres estabelecem como missão simplesmente serem famosas. Todavia, devemos ser um pouco mais profundas, se formos boas no que fazemos, a fama vem por acréscimo.

Depois de construir a sua missão, que é, no fundo, o resumo dos seus valores e aspirações, você terá a direção interiorizada, e estará apta para traçar as suas metas e objetivos.

Procure responder às seguintes perguntas pessoais e encontrará as dicas para desenvolver a sua missão de acordo com o seu potencial.

- Eu sou boa fazendo o quê?
- Se eu tivesse todos os recursos disponíveis, o que faria?
- O que eu gostaria de ser? E de fazer? E de possuir?
- O que eu faço para conseguir? O que eu preciso fazer para alcançar esse patamar?
- Qual é a minha contribuição para valorizar o meu trabalho? A minha família? A minha satisfação pessoal?
- O que eu posso fazer para aumentar a minha contribuição?
- Quanto vale o meu esforço para essa valorização?
- O que preenche o meu lado criativo?

- Quais são as coisas que faço que me deixam entusiasmada?
- O que me impede de fazer o que realmente gosto? Preciso? E quero?
- Como posso conseguir? Quando? Onde?
- Se eu fosse morrer amanhã, como passaria o meu dia de hoje?

Feche os olhos e reflita com tempo, sem pressa, sobre as suas respostas.

A escolha de uma missão, muitas vezes, implica mudanças na vida, e devemos agir em consonância com o que desejamos para que possamos atingir os nossos objetivos. Não basta desejar, é preciso agir, desenvolver e colher os resultados. Assim, você obtém a energia que precisa para continuar a evoluir, a concretizar os seus desejos e necessidades, porque antes de conseguir satisfazer as necessidades de outro ser humano, tem de conseguir amar a si mesma e satisfazer, em primeiro lugar, as suas necessidades.

> *Podem cair mil à tua esquerda e dez mil à tua direita, tu não serás atingido."*
>
> Salmo 91

Amigos, amigos, descontos à parte!

A maioria das mulheres considera as amizades masculinas mais agradáveis do que as femininas. São amizades diferentes, pouco perigosas para a sua sanidade mental. Que homem sentirá inveja da sua bolsa *Prada*? Na verdade, quanto mais amigos tiver, melhor. É muito bom ter vários amigos, faz bem ao ego e cria um certo poder sobre o seu parceiro porque ele sente que existem muitos homens que a desejam, só para "conversar", claro!

Se conseguir ter muitos amigos que não sejam amigos do seu parceiro, e que não sejam *gays*, e ao mesmo tempo conservar uma relação amorosa saudavelmente longa, você é uma diplomata pura. Parabéns! Deveria pensar seriamente em dedicar-se a uma carreira na política internacional. Isso não é nada fácil. Esta é, normalmente, a primeira concessão que se faz em um compromisso amoroso. Em geral, os casais fazem uma espécie de acordo tácito para o bem da relação amorosa, e ambos vão dispensando os amigos que o outro sente como ameaça, excluindo, aparentemente, o ciúme e a insegurança. Todavia, é uma concessão que não deve ser feita, porque o amor que vale a pena ser vivido consegue superar as dificuldades e se fortalece quando é conciliado com a nossa individualidade.

Você só conseguirá preservar as suas amizades masculinas se, logo no início, estabelecer que são uma prioridade e que o plano da amizade não se mistura com o plano amoroso. A mulher emancipada consegue manter os seus amigos ao longo da vida, independentemente dos ciúmes do seu par amoroso. Ignorar todos os amigos para fortalecer a sua relação amorosa é um erro enorme, mas a verdade é que a maioria cede por uma questão de confiança e de generosidade para com o parceiro amoroso. No entanto, um dia, esses amigos poderão fazer muita falta...

Na realidade, o que aparentemente parece desconfortável para a sua relação amorosa (outros homens) pode ajudar a manter a sua relação viva, num desafio permanente. Uma mulher isolada é mais vulnerável e está sujeita a uma desvalorização por parte do homem, por ser demasiado dependente dele e disponível, e já não encerrar nenhum mistério, pois não mantém distanciamento e está sempre ali, sem opções de saída. Os homens valorizam mais as mulheres que são muito apreciadas e que mantêm a sua autonomia, porque sentem que a sua conquista está ali, vibrante, e isso os deixa envaidecidos e com medo de perdê-la, porque sabem que ela também é bastante valorizada por outros homens.

Acredito que as mulheres aprendem a administrar o seu relacionamento com um homem com quem não têm interesse em namorar, possibilitando que essa amizade dure e prevaleça sobre o instinto sexual masculino. Este é, basicamente, o único perigo que existe: ter sexo com o seu melhor amigo. Quando acontece, na maioria dos casos, acaba com a amizade. Geralmente, um homem não respeita uma mulher que facilita na sua sexualidade, perde o mistério e torna a relação desconfortável. Todavia, se você quiser que a sua relação de amizade passe para outro nível, pode avançar de acordo com a sua estratégia de sedução, porque esse amigo será o seu alvo de conquista.

De resto, os homens são muito queridos como amigos e, se a respeitarem, serão excelentes companheiros para conviver e se divertir. Eles são ótimos amigos, porque não competem com você e só a valorizam, o que é reconfortante nessa vida competitiva, mas haverá sempre uma tensão sexual masculina que deverá ser atenuada. Um pequeno sinal do lado feminino já basta na maioria dos casos para haver uma possibilidade de "delito". Difícil será convencer o seu marido de que o seu amigo não tem segundas intenções. Será mesmo? Acha que é verdade? Que um homem quando se aproxima de uma mulher com o pretexto de ser amigo, no fundo, o que ele deseja é levá-la para a cama? Ele diz que sim? Não se iluda, ele sabe o que sente em relação às outras mulheres. Pelo menos, é o que passa pela sua cabeça quando a testosterona está no auge. Já conhecemos as tendências animalescas provocadas pelos impulsos físicos da testosterona e, se não fosse assim, por que será então que todos os homens afirmam que é? Estranho, não?! No *marketing* da mulher não há descontos para amigos, porque com amigos não se fazem bons negócios. Em minhas pesquisas sobre o assunto, concluí que um homem é sempre um homem e que a oportunidade gera a ação. Ele age sem dó nem piedade! Normalmente, se houver chance, um amigo só não vai para a cama com uma amiga "sarada" e generosa caso não a achar atraente. Mas se estiver bêbado, pode não ser assim, se ele sentir uma atração física mínima e tiver oportunidade, vai aproveitá-la num piscar de olhos. Em primeiro lugar porque, culturalmente, ele julga que a traição sexual masculina é bem aceita, é um sinal de virilidade e não magoa muito se vier à tona, em segundo, porque os picos de testosterona não o deixam pensar muito sobre o assunto. No entanto, existem exceções. O seu amigo pode não ter interesse sexual em você por ser *gay* ou uma ave rara. A boa nova é que todas percebemos quando há tensão sexual e como resfriá-la, e que, para acontecer um encontro sexual, é preciso dois desejos.

O MARKETING DA MULHER: O CAMINHO PARA O SUCESSO

O *marketing* da mulher, baseado na teoria do *marketing* empresarial e a serviço da sabedoria feminina, serve para vencer muitas adversidades. Ajuda ainda a saber como aproveitar a vida usando uma visão pragmática na concretização dos nossos objetivos, porque, quando aprendemos a desfrutar a nossa vida plenamente, mesmo diante de algumas dificuldades, ficamos mais fortes e felizes.

1

A sua estratégia de vida: aonde ir?

Você consegue imaginar um homem das cavernas escolhendo uma fêmea para acasalar entre duas mulheres pré-históricas? Uma delas tem uma flor no cabelo e sorri, e a outra está acenando com um pau na mão, prontinha para lhe bater. Ambas estão usando estratégias de promoção de imagem. Qual será a que ele vai escolher? A não ser que seja um masoquista, ele escolherá a que colocou a flor no cabelo e sorriu, criando a expectativa de lhe dar carinho. Provavelmente, a flor no cabelo e o sorriso, características positivas que a mulher transmitiu e que contaram muito para a preferência do consumidor das cavernas, terão sido a imagem de marca da comunicação. E com este simples exemplo podemos aprender uma lição: "Não é com vinagre que se apanham moscas...", como diz o ditado popular.

Pense no peso da imagem e da sua comunicação na vida de mulheres ilustres. Quantas foram admiradas por serem grandes estrategistas e por terem uma imagem única. Lembra-se da misteriosa atriz Rita Hayworth? Da fantástica Coco Chanel? Da ousada Eva Perón? Da estonteante rainha *pop* Madonna? Da doce e inesquecível Diana, a princesa de Gales? Ou da enigmática Lady Gaga? São mulheres que quebraram convenções e fizeram história com a sua imagem criativa e sua estratégia de vida. São exemplos de mulheres que souberam usar excelentes estratégias de *marketing* pessoal e foram vencedoras, cada qual à sua maneira.

Atualmente, algumas mulheres conseguem liderar no universo masculino, sobressaindo com sucesso profissional e, sobretudo, com brio e alegria. Falo, por exemplo, da esplendorosa e inteligente Oprah

Winfrey, um fenômeno de popularidade e de reconhecimento público, ou ainda, da rainha da Jordânia, Rania — um grande exemplo de beleza aliada à inteligência, que tenta contribuir, com a sua imagem, para a mudança cultural e política do seu país, assim como do Oriente Médio. São dois exemplos de excelência do que é ser mulher de elevada estima e notoriedade no século xxi. São modelos de vida, sobretudo, pela dignidade e pela genuinidade das suas estratégias de vida e a prova de que, muitas vezes, a genialidade provém da veracidade.

O sucesso é o benefício que obtemos quando há um esforço em sermos nós mesmas, em seguir os nossos objetivos e assumir a nossa verdade pessoal.

Nem todas as mulheres precisam ser belas para obter o sucesso pessoal e nem todas precisam ter corpos esculturais para ser amadas. Existem muitas mulheres belas em corpos imperfeitos.

A nossa melhor estratégia é a autenticidade do nosso modo de vida, sermos nós mesmas, ou seja, não tentarmos parecer o que não somos, não renegarmos as nossas origens ou fragilidades. É fundamental acreditar nas nossas capacidades, procurar o que nos dá paixão e perseguir o que nos dá água na boca. Este é, sem dúvida, o melhor plano para vencermos na vida e conquistarmos a nossa satisfação plena: o nosso bem-estar interior. Estas mulheres utilizam naturalmente o *marketing* da mulher porque definiram e realizaram a sua estratégia pessoal de vida.

2

O seu mapa emocional

O *marketing* da mulher é o *marketing* do seu sucesso pessoal: uma via para as suas realizações interiores. Com as suas vitórias, os ensinamentos das suas experiências e também com algumas angústias e decepções, você construirá o seu mapa emocional, isto é, o mapa dos seus sentimentos, dúvidas, inquietações e intuições. Este mapa de conhecimento emocional apontará para certas emoções, acionará uma sirene na sua mente quando se aproximar do perigo e irá ajudá-la a decidir qual caminho deve seguir. Alguns o chamam de voz do coração, outros, de voz da experiência. Seja o que for, ouça o que as suas emoções têm a dizer, porque este mapa emocional é só seu e dará a você a possibilidade de definir uma estratégia pessoal de vida e decidir de acordo com a sua vontade. Com ele, você criará a sua imagem diferenciada, através da qual poderá revelar o seu melhor, e que será definida por você mesma, ou seja, você determinará qual a imagem que deseja passar aos outros.

A sua vida deve ser alicerçada em valores que lhe são válidos e dignos, para ter certeza ao tomar decisões rápidas e não apenas responder algo para sobreviver ao momento. Este é o caminho mais compensador: escolher o que a faz realmente feliz e o que a deixa em paz e segurança para ir ao encontro da sua coerência emocional, porque se não souber aonde quer ir e não respeitar o seu mapa emocional não chegará a lugar algum. Através do seu mapa emocional você encontrará a sua estratégia pessoal de vida, para isso, deverá seguir algumas etapas e evoluir à medida que for descobrindo sobre si mesma.

1ª etapa: ao procurar por sua estratégia pessoal de vida, responda às seguintes questões:

O que eu quero ser? Aonde quero chegar? O que me faz feliz? O que eu preciso?

Exemplos de planos:
- Desenvolver uma carreira profissional em determinada área;
- Emagrecer 20 quilos e cultivar uma imagem saudável;
- Deixar de fumar;
- Constituir uma família;
- Viver um grande amor.

2ª etapa: o que eu tenho de fazer para alcançar os meus objetivos? Que ações práticas devo tomar? Quais as mudanças prioritárias a fazer? Como conseguir o que preciso?

O que eu devo começar a fazer hoje? Em que posso melhorar a minha vida?

Exemplos de ações prioritárias:
- Frequentar um curso e me especializar na área que me apaixona;
- Praticar exercícios físicos e fazer uma dieta com acompanhamento médico;
- Abandonar os maus hábitos que me levam a fumar (bebidas alcoólicas, frequentar locais com fumantes, estresse, sedentarismo);
- Passar para o nível seguinte na minha relação amorosa;
- Procurar um parceiro que me valorize e esteja disponível para me dar o carinho e a atenção de que necessito.

3ª etapa: colocar em prática o seu plano.

Passar das ideias às ações, não me interessam os meus desejos, o que vale é o que consigo fazer. É parte do que sou, os meus hábitos constroem a minha personalidade. Não me interessam os planos que tenho para iniciar no princípio do ano, interessa o que vou realizar antes de o ano acabar. Na próxima semana, amanhã, hoje e nos próximos minutos. Vou dedicar cada minuto do meu tempo para me valorizar. O livro especial que começarei a ler hoje antes de me deitar, a música que vou ouvir antes de sair para trabalhar, a aula de ginástica a qual não vou faltar por nada deste mundo — sei que vou sentir preguiça e vontade de desistir, mas não desisto, sei que terei um enorme prazer depois de terminá-la. A peça de teatro que vou assistir e o curso de espanhol que inicio hoje. Estas pequenas e grandes conquistas fazem a diferença entre as pessoas realizadas e as que não se realizam. Comece com mudanças pequenas e estipule datas para iniciar os seus projetos em três e a seis meses. Porém, a primeira peça da sua estratégia é a mudança que irá fazer amanhã. Depois de amanhã e no próximo sábado.

4ª etapa: reavaliar sempre que necessário.
Fazer alterações se for preciso, tendo sempre um plano de contingência preparado. Se eu não consigo deste modo, faço de outra maneira. Mas não desisto!

Assim que você souber o que quer para a sua vida, deve escrever e guardar, para reler sempre que se sentir desmotivada ou com dúvidas. Nas respostas, você estabelecerá os seus objetivos a médio e a longo prazo e decidirá todas as ações que a levarão a alcançar esses objetivos, nada deverá desviá-la destes objetivos principais, que poderão ser os mais diversos: concluir um curso superior, esquecer alguém que a magoou, fazer um curso profissionalizante, aprender a falar inglês, viajar, praticar ioga, consumir uma alimentação saudável para emagrecer, aprender dança de salão, frequentar aulas de pintura, encontrar um novo amor, criar um blogue ou trabalhar para conseguir uma promoção profissional.

Estabeleça as suas prioridades e respeite as suas decisões, pense em você em primeiro lugar e, só depois, nas prioridades dos outros, do parceiro, da família e dos amigos. Nada deverá demovê-la de fazer algo de bom para você mesma, seja o que for... Nem a aula de *body combat* ou os minutos que gasta aplicando o creme antiestrias na barriga podem ficar para depois.

Como concretizar a sua estratégia pessoal de vida?

Se você tem filhos, enquanto faz ginástica e cuida da sua formação, do seu bem-estar, da sua beleza e da sua saúde, divida com o pai ou com alguém da sua confiança os cuidados com as crianças. A sua estratégia pessoal de vida é a sua estratégia de bem-estar. Se começar a ceder aqui e ali acabará colocando todos os outros à sua frente, filhos, marido, mãe, irmãos, sobrinhos, trabalho, amigos e assim por diante. Não conseguirá concretizar nada para si mesma e ninguém tomará conta de você.

Às vezes, é preciso tomar uma atitude e dizer "basta!", "não!". Você deve definir os seus limites e as suas prioridades, sem esquecer o tempo que precisa para se dedicar a si mesma e aos seus projetos, porque, infelizmente, o tempo passa num instante e a motivação não dura sempre.

O mais importante da nossa estratégia e do nosso plano pessoal é que isso pode existir e ser recriado em qualquer fase ou etapa da nossa vida, aos 20, aos 30, aos 40, aos 50 anos... Sempre que for necessário. Depois de um divórcio, de uma demissão, de um desgosto ou de um novo recomeço, você precisa estabelecer as suas etapas: primeiro, encontrar as respostas sobre o que precisa da vida e definir objetivos, estabelecer as ações para alcançá-los, colocá-las em prática e, por fim, reavaliá-las sempre que necessário.

Há mulheres que têm mais facilidade em descobrir o caminho para o sucesso do que outras, porque possuem uma excelente autoestima e sentem-se especiais, agem como pessoas especiais e são consideradas especiais por isso. Isso acontece porque elas mantêm uma postura simples: são fiéis a elas mesmas, sabem o que querem e fazem o que têm que ser feito!

Elas servem de exemplo para as outras porque seguem o seu caminho pessoal e desejam apenas dar liberdade à sua criatividade. São pessoas muito importantes por serem genuínas, audazes e inovadoras e que, sem querer, abrem o caminho para outras mulheres, mais discretas e oprimidas. Criam estilos de vida, ditam moda e até mudam as mentalidades. Elas têm uma mente iluminada que se traduz numa maneira de pensar visionária e numa consciência mais evidente do seu papel na vida.

Se você conhece alguém assim, aproxime-se. Aprenda outras perspectivas de vida e não se sinta intimidada pelas diferenças. Cada mulher tem um papel único a cumprir e cada mulher pode ser especial, mesmo que existam mais de mil mulheres especiais à sua volta. São muitos os bons exemplos de mulheres que fazem a diferença e que mantêm as rédeas do seu destino, figuras públicas e outras incógnitas com muito sucesso na vida privada. Sentem-se gratas pelo que conseguiram alcançar e felizes com a vida que construíram. E você também pode ser uma mulher com uma estrela maior, basta descobrir as capacidades que existem dentro de si mesma e comunicá-las aos outros sem se envergonhar e com toda a liberdade.

Cara leitora, esse é também o objetivo deste livro: despertar as capacidades que você tem dentro de si, se for esse o caso. Faça a diferença e tome as rédeas da sua vida. Seja uma mulher vencedora. Desejo dar a você uma nova noção de vida das mulheres com futuro, mostrando-lhe como é possível, através da projeção dos conceitos de *marketing*, conquistar uma vida mais feliz. Basta mudar de atitude, desenvolver capacidades, acreditar que merece e que é capaz de vencer.

Desperte para as múltiplas possibilidades que a vida lhe oferece: a realização pessoal, o amor e a interação social. Elabore estratégias de *marketing* pessoal e de *marketing* relacional à sua medida. Analisaremos alguns conceitos e falaremos de outros detalhes importantes. Ser uma mulher concretizada e saber agir convictamente no amor e na vida são as razões deste guia de *marketing* das mulheres. Vamos continuar a falar mais de amor.

3

O marketing operacional para encontrar o homem certo

Existe uma linguagem própria do feminino, a mulher é naturalmente uma estrategista, é uma das funções da sua natureza, da sua feminilidade. Esta condição soberana é também o reflexo da visão da religião cristã desde que Eva convenceu Adão a morder o fruto do conhecimento, e ela ficou conhecida por sua capacidade de influenciar e de pecar...

Mas a essência da estratégia é também parte da nossa natureza. Está presente em todas as fêmeas do reino animal, podemos identificá-la numa raposa quando esta escolhe e defende o local onde acolhe os seus filhotes, no modo como caça o alimento para a sobrevivência das suas crias, ou até no modo como seleciona o macho com o qual prefere acasalar. A natureza da fêmea humana é também muito instintiva e pródiga. Ela pode ser muito felina na escolha de um parceiro e na defesa do seu território. Na estratégia, a questão mais relevante é aprender a escolher, mesmo depois de escolhida.

A natureza humana tem muitas similaridades com o reino animal, mas é um pouco mais complexa; a racionalidade nos concede a magia de intervir na evolução da nossa espécie e do nosso planeta. É tudo mais poderoso, mais afrodisíaco, mais consciente e criativo. E só assim é possível usar estratégias de *marketing* feminino para obter o que realmente desejamos na vida: verdadeiros momentos de felicidade e satisfação pessoal.

A mulher é mais mediata, ao contrário do homem que é mais imediato, reage quase por reflexo ao instinto, o do prazer instantâneo, o de fazer sexo, respondendo rapidamente à necessidade de ejaculação. Os nossos desejos variam de mulher para mulher, como é óbvio, é muito injusto que queiram sempre nos catalogar com termos generalizados, como "coisas de mulher" ou "são todas umas histéricas". Contudo, existem alguns desejos que todas temos em comum: ser valorizadas e felizes e obter o máximo da vida com um amor verdadeiro ao nosso lado. Acreditar nisso é o que nos faz procurar um homem, pensar que ele pode proporcionar isso nos deixa excitadas e com vontade de nos entregarmos sexualmente. Como vê, é bem diferente da motivação masculina...

Para que o amor verdadeiro aconteça precisamos nos sentir motivadas e deter as ferramentas possíveis para tirar mais partido da vida, criar melhores relações afetivas e, mais importante, conseguir desfrutar mais a relação com o outro. Utilizando o *marketing* operacional da conquista amorosa, tudo pode ser mais simples, se você for descomplicada e mais assertiva.

O marketing da mulher pode fazer um homem desejar você mais do que a outra mulher qualquer. É mais simples do que parece. E é também a chave para que a mulher atinja os seus objetivos e metas pessoais. Não se esqueça, é preciso criar o desejo por você e tornar-se inconfundivelmente cobiçada.

Através da análise do nosso mercado-alvo, criaremos a necessidade do nosso público masculino. Depois, aplicaremos um *marketing* coordenado (um conjunto de técnicas e estratégias) que vai nos proporcionar lucro (amor com qualidade): a satisfação do nosso "consumidor-homem" e a nossa própria satisfação, obviamente!

Ser aparentemente servil para ser servida...

Aqui, o nosso objetivo não é ter o máximo de lucro, desejamos satisfazer a nossa alma, conseguindo o máximo de concretizações pessoais, a nossa satisfação pessoal, aquilo que podemos chamar de amor-próprio. Este é o passo fundamental para obtermos todo o resto: o amor de um homem, de um amigo especial, o amor dos outros.

Descobrindo o mercado-alvo: o homem

Nenhuma empresa pode atuar em todos os mercados nem satisfazer todas as necessidades dos seus potenciais consumidores. Nem a Microsoft consegue esse milagre, e nós, mulheres, também não podemos agradar a todos os homens nem satisfazer as necessidades e desejos de todos. Não podemos, igualmente, querer todos os homens só para nós. A ambivalência é um princípio fora de questão para quem deseja vencer no amor, e as mais ambiciosas devem ter um de cada vez. Por isso, temos de selecionar o nosso mercado-alvo e definir o plano de *marketing* direcionado "aos consumidores-homens" que nos interessam ou "ao consumidor-homem" que pretendemos atingir. Isto é, a mulher deve definir um plano para conquistar o seu homem eleito, quer seja um alvo específico ou um potencial consumidor-homem a descobrir.

Caso a mulher ainda não tenha um homem em vista, deverá procurá-lo através da escolha de um segmento de mercado-alvo, ou seja, um tipo específico de homens que lhe agrada; a esse grupo de homens irá aplicar a sua estratégia de *marketing* ou, em outras palavras, a sua estratégia de sedução para conquistar o seu homem especial.

Definir o seu mercado-alvo é de suma importância, porque você precisa saber que tipo de homem lhe interessa. Se não souber o que deseja, como poderá escolher? E se não escolher, como poderá aumentar as suas chances de sucesso?

Muitas mulheres não têm sorte no amor porque não escolhem. Acreditam que o amor é o destino, é a química, é algo que se sente e que não se raciocina. Aqui eu discordo. Sentimos os efeitos químicos na atração física de forma bem explícita, a atração conduzida pelo nosso lado animal na parte do cérebro que nos aproxima dos mamíferos e dos répteis. Mas não podemos excluir a nossa parte racional que também compõe o cérebro e nos distingue do reino animal, porque se agíssemos só com base nos nossos instintos animais, teríamos de reagir a vários parceiros e sempre que nos sentíssemos atraídas: pimba! Sabemos que não funciona assim. Por quê? Porque há o depois, a racionalização dos atos e, às vezes, vem a culpa, "Por que fui para a cama com aquele tipo?".

Outra situação importante é saber que podemos nos sentir fortemente atraídas por um homem lindo que se revela um mau-caráter ou por um homem que não nos ama e que nos magoa. Não vamos investir num relacionamento com alguém assim por mais que os nossos hormônios estejam no ápice.

Por isso, temos de saber usar o nosso instinto e toda a nossa sabedoria na hora de escolher, porque depois de estarmos muito envolvidas a ansiedade de querermos ser felizes pode nos cegar. O caminho para nos livrarmos desse homem "lindo e imbecil" normalmente é doloroso e deixa marcas profundas. Acredite, mesmo que você seja escolhida por um homem, você tem sempre de escolhê-lo também. O homem com quem você desenvolverá uma relação tem de corresponder ao que deseja para o seu futuro, coincidir com os seus valores e estilo de vida.

Você precisa escolher o homem que a faça feliz, e não o homem ideal. Na vertente mais prática da conquista, saiba que não se pode aplicar a mesma estratégia de *marketing* a mercados-alvo distintos.

Portanto, se o seu mercado-alvo são homens intelectuais de meia-idade, com a vida organizada, você precisará usar técnicas e estratégias diferentes daquelas necessárias para conquistar um homem jovem em começo de carreira e que gosta de esportes radicais. Está vendo aonde quero chegar?

As necessidades do seu consumidor-homem

Assim como no *marketing* empresarial, a tarefa mais difícil em todo o processo é saber o que o consumidor-homem precisa e quais os seus desejos, o que exige muita astúcia e capacidade de interpretação. Saber qual é o nosso mercado-alvo é mais simples. Porque nenhum consumidor gosta de mostrar as suas necessidades mais íntimas e pessoais; ele mostra apenas as suas necessidades superficiais e fugazes. (E você sabe quais são?)

No *marketing* da mulher consideramos cinco tipos de necessidades no consumidor-homem:

1. Necessidades declaradas: o consumidor deseja sexo sem compromisso.
2. Necessidades reais: o consumidor deseja sexo sem compromisso, mas não obrigatoriamente com você.
3. Necessidades não declaradas: o consumidor espera obter bons serviços do seu fornecedor, bom sexo.
4. Necessidades de prazer: o consumidor obtém o serviço bem feito e ainda recebe um bônus especial.
5. Necessidades secretas: o consumidor deseja ser reconhecido pelos seus amigos como alguém muito inteligente e que sabe escolher um serviço completo de qualidade.

Satisfazer apenas as necessidades declaradas do consumidor não nos proporciona o lucro desejado, ou seja, benefícios a longo prazo. Para conseguir o seu lucro rentável e satisfatório, a mulher precisa entrar na mente do seu consumidor e pensar como ele, isto é, pensar na perspectiva desse homem para poder satisfazer a maioria das suas necessidades e não deixá-lo com expectativas frustradas.

Deve existir uma estratégia orientada para o homem que visa impressionar; ele irá escolhê-la preterindo outras concorrentes se acreditar que irá satisfazer as suas necessidades reais não declaradas e secretas. E como boa estrategista que é, você conseguirá convencê-lo de que é o complemento que ele necessita, nem que tenha de criar necessidades que ele sequer imaginava possuir. Coitadinho! Este é o *marketing* da mulher, o verdadeiro *marketing* da paixão.

Na relação de *marketing* você é a empresa produtora que vencerá a concorrência, conquistando o cliente mais valioso do mercado, se responder às suas exigências, oferecendo o que ele deseja e necessita na realidade, tornando-se melhor do que qualquer outra mulher disponível no mercado. E como vai conseguir essa façanha?

De forma simples, concretizando três etapas:

1ª – Conquistar o cliente;
2ª – Satisfazer as necessidades do cliente;
3ª – Reter o cliente e fidelizá-lo.

Vamos passar às estratégias e técnicas de sedução do nosso consumidor-homem.

À medida que a idade avança, competir torna-se cada vez mais difícil, existe cada vez mais oferta no mercado e poucos bons consumidores disponíveis. Há muitas mulheres capazes de desenvolver um excelente *marketing* pessoal e poucos homens que valem a pena conquistar. Cada vez que selecionamos ou preterimos alguém, adiando a escolha decisiva do amor, elevamos as nossas expectativas. Contudo, não quer dizer que só porque somos seletivas demais, retardando a decisão, possamos acertar melhor. Às vezes, desprezamos um grande amor por achar que depois de cruzarmos a esquina virá um amor melhor, mas isso nem sempre acontece e o tempo vai se tornando escasso, o leque de opções fica mais restrito e acabamos escolhendo um parceiro que nunca faria parte da nossa primeira opção. É importante ganhar experiência e "ir a campo", não deixar as oportunidades se acabarem ou, se for o caso, criar as necessidades.

A entrada da mulher no mercado de trabalho fez com que a sua emancipação fosse exponencial, e a humanidade ganhou uma gama enorme de mulheres interessantes, desinibidas, sedutoras e audazes, com capacidade de se diferenciar na vida e no amor, com bons atributos. A nossa meta criar atributos inigualáveis, que façam de você a primeira escolha do seu consumidor, do seu homem eleito, mas respeitando sempre a missão que você determinou para a sua vida.

Sam Walton, gestor da WalMart (multinacional do ramo varejista), disse: "A nossa meta como empresa é prestar serviços aos consumidores que não sejam apenas os melhores, mas que se tornem lendários".

Poderíamos recriar esta frase do seguinte modo: a nossa meta é dar ao seu homem-alvo a noção de que ele obterá amor excepcional, e que a reconheça como uma diva. Parece bom? Eu sei que sim. Vamos determinar como podemos eliminar concorrentes e conquistar o consumidor tão especial. Mas não se esqueça de que o consumidor especial é aquele que a valoriza e a reconhece como uma mulher distinta. Há clientes que ninguém merece ter... Saber escolher é o grande segredo para conseguir uma relação feliz e gratificante.

6

Garantia de satisfação total feminina!

Da mesma forma que há 45 anos um guru da gestão chamado Peter Drucker vislumbrou que a primeira tarefa de uma empresa é "criar os seus consumidores", a sua primeira tarefa é arranjar o seu consumidor-homem preferido.

Esta é uma tarefa muito difícil, porque existem inúmeras mulheres fazendo o mesmo e, muito provavelmente, pode haver uma ou mais desejando conquistar o seu consumidor eleito. E como você poderá ser a preferida? Porque você vem com uma garantia de satisfação total e ele saberá reconhecer isso só de ver a maneira como remexe os quadris ao caminhar. Tudo isso partindo do pressuposto que um consumidor escolhe a oferta que lhe garante mais valor. É isso que você precisa oferecer: o maior valor disponível no mercado da paixão, tem de parecer ser a mulher mais especial que ele encontrou na vida. O seu consumidor tem de acreditar que você foi o melhor negócio que ele já realizou e, no final, você precisa saber cumprir essa promessa.

Caso contrário, está sujeita a uma devolução, com direito a reembolso. E se alguém tem de deixar alguém, que seja você a mudar de alvo. No *marketing*, existe uma maneira de determinar o valor reconhecido pelo consumidor, que vamos usar por analogia. Considere que o valor dado ao consumidor-homem é a diferença entre o valor total esperado pelo homem e o custo total que o homem obtém. Em outras palavras, é o que sobra depois da conquista e o balanço depois da prova. O valor esperado pelo homem em relação ao que você lhe oferece é o conjunto de todos os benefícios que ele visa obter (o desejo de satisfação das cinco necessidades que citamos anteriormente) com a relação.

Eu tenho de assumir sem rodeios que considero que o valor principal desejado pelo homem seja o sexo. Alguém discorda? Não há dúvida, são todos iguais nesse aspecto e, inicialmente, eles só querem isso, de forma livre e sem compromisso. Depois, eventualmente, acabam se apaixonando e amando. O valor é o reconhecimento de que valeu a pena o custo que ele teve, de que você é um excelente investimento, e que compensa continuar a investir, pois em troca ele recebe toda a satisfação de que necessita, o que o deixa feliz e disposto a preferi-la, o que significa que o seu produto é vencedor.

Aqui reside algo muito importante, tanto para os homens como para as mulheres, que é a atribuição de valor ao nosso parceiro por aquilo que ele nos leva a sentir todos os dias: que somos felizes, inteligentes, belos, únicos e valiosos. Contudo, há percepções negativas que podem prejudicar as sensações que despertamos nos outros e, por isso, temos de saber criar valor e afastar as ideias negativas que eles possam ter a nosso respeito.

Existem valores e custos que determinam o bem que você oferece ao homem eleito. Vejamos o que você deve manter em foco:

Valor do produto: Valor que você agrega com todos os seus sentidos: cheiro, peso, voz, tato, cor, maneira de andar, de falar, de olhar e todas as suas características físicas.

Ideias a reter: Você deverá ser o mais atrativa possível, mantenha-se sempre bem arrumada, perfumada e *sexy*; com uma roupa que favoreça o seu corpo e, principalmente, realce sua feminilidade.

Valor dos serviços: Valor dos serviços prestados; a maneira como se movimenta, como acaricia, a capacidade de entreter, o relacionamento sexual, o senso de humor, a personalidade e o estado de espírito.

Ideias a reter: Você deve ser calma e carinhosa. Os homens esperam afeto e colo das mulheres, afinal, eles foram criados desse modo pelas suas mães. Deixe-o pensar que é como se você fosse a sua mamãezinha, que vai satisfazer todas as suas vontades; quando já estiver apaixonado, aí você trata logo de explicar que ele também é o seu papaizinho...

Valor dos colaboradores: Valor que os seus familiares e amigos trazem ou não para a relação. Se são simpáticos ou aborrecidos, intervenientes, positivos ou negativos. Eles colaboram ou são um empecilho?

Ideias a reter: Não envolva os outros na sua relação, o amor é vivido a dois. Não deixe a família, o trabalho e os amigos intervirem nas suas relações amorosas, nem depois de casar. São planos diferentes e não devem ser misturados. Não envolva as suas amigas com o seu parceiro, sabemos que não há amizade entre mulheres que não vacile quando existe um homem no meio. Não sabia disso? Nunca ouviu falar em ciúme de amiga? Então saiba também que Papai Noel não existe. Deixe a relação se fortalecer primeiro; os convívios sociais vêm depois.

Valor da sua imagem: Valor que você transmite com a maneira de se apresentar, falar e vestir. O seu aspecto e imagem determinam a percepção de alguns atributos ou da falta deles...

Ideias a reter: Tudo o que você veste e a maneira como se apresenta dizem algo a seu respeito. Se você andar sempre com agasalhos de ginástica e roupas largas, pouco femininas, transmitirá que é desmazelada e pouco feminina. E isso não a torna muito desejável. Se tiver um estilo provocante demais e usar roupas muito curtas e decotadas, ele irá pensar que é muito disponível e que vai para a cama com todos, pois está sempre "vestida para matar". A regra básica é: se mostrar um pouco em cima, cubra em baixo e vice-versa. Se estiver sempre triste e com conversas pessimistas, vai convencê-lo de que é uma alma depressiva e ninguém gosta desse tipo de companhia.

7

Sim, sou o último biscoito do pacote! É pegar ou largar!

Evidentemente, o objetivo é oferecer ao consumidor-homem o máximo de valor para convencê-lo a se apaixonar por você, por isso, você é uma peça única, edição especial. Por isso, terá de demonstrar todo o seu valor positivo e afastar tudo o que possa denegrir a sua imagem. Nem que faça um grande esforço, se não o fizer, não mostrará o que possui de melhor. Esconda os *piercings*, as correntes com caveiras, os vícios, as taras e manias, as minissaias de um palmo e o que pode suscitar preconceitos; use isso quando a relação já for consistente. O preconceito é vencido com diálogo e compreensão, o tratamento de choque só assusta.

Use uma estratégia de valorização pessoal que a coloque como a "diva do amor" e oculte os aspectos que lhe conferem desvantagem em relação às concorrentes. A melhor atitude é mostrar que aceita os próprios defeitos, que gosta de si mesma, que é uma mulher confiante, alegre e com boa autoestima. A confiança é o paradigma da conquista do amor, é a característica mais sexual e forte, nada é mais sensual do que uma pessoa com confiança em si mesma.

O objetivo é que a percepção do seu valor pelo homem-alvo seja uma experiência positiva e inigualável, aquela pela qual todos os custos são bem merecidos e que o faz decidir que você é uma prioridade para ele. Ele precisa achar que você é a melhor companhia do mundo, a mais bem-disposta, a mais carinhosa, a mais saudável e a melhor amiga. Deixe-o acreditar em você. Não se assuste, é fácil criar essa imagem positiva, porém, o mais difícil é mantê-la.

Conhece a máxima de que o homem deseja uma mulher que seja uma dama à mesa e uma devassa na cama? É quase isso, a devassa na cama será, para ele, desinibida e curiosa. Exclusivamente para ele e tudo, aparentemente, como se fosse a primeira vez, é claro.

A verdade nua e crua, os erros, as más experiências, as frustrações do passado e os seus defeitos não têm de ser colocados logo de cara em um relacionamento. O seu passado só diz respeito a você, mantenha essa informação para si mesma, na mala do seu esquecimento. Se souber esperar para revelar alguns aspectos das suas deficiências pessoais quando o amor estiver forte o suficiente, até esses defeitos vão parecer qualidades para ele.

Convém saber quais são os custos a ter considerando o seu consumidor, para que possa minimizá-los e fazê-lo crer que são ínfimos. Veja alguns exemplos:

Custo monetário: Qual é o seu preço? Você é muito cara, exige muitos presentes? Só fica contente quando vai jantar em restaurantes caros? Ou fica contente mesmo sem receber presentes materiais? Valoriza os pequenos gestos de carinho ou não?

Dica: Você não deve parecer materialista, excessivamente interessada em roupas e bem materiais.

Custo de tempo: Você ocupa demais o tempo dele, ou está sempre telefonando para ele? Só gosta de fazer algo na companhia dele? Ou você dá espaço e tempo para ele manter algumas atividades pessoais sem a sua presença?

Dica: Dê liberdade a ele e preserve também a sua.

Custo de energia física: É difícil satisfazê-la sexualmente? Você quer sempre mais? É hiperativa? Está sempre em cima do pobrezinho do cliente? Ele tem de acordar cedo ou dormir tarde por sua causa? Ele tem de andar quilômetros no shopping para acompanhá-la?

Dica: Seja boa companhia, bem-disposta. Mas não ligue a toda hora. Dê-lhe tempo para sentir saudades suas.

Custo psíquico: Você é uma chata? Mexe nas coisas dele sem autorização? É muito ciumenta? Desconfia de tudo e de todos? É muito exigente na relação? Acha sempre que tem razão? Adora discutir?

Dica: Respeite o espaço, os interesses e as coisas dele. Não mexa em nada.

Parece fácil eliminar custos? Não, não é. Estes são os que você deve excluir; nunca conseguimos eliminar todos os custos que acarretamos, pois eles são um pouco do preço dos nossos defeitos. Sempre existem defeitos, mas há os que ninguém aguenta e devem ser corrigidos, se não quiser ficar sozinha com sua intransigência. Outros não podem ser muito evidentes, mas também não vale a pena fingir que é perfeita, pois uma mulher perfeita é chata. A fragilidade e a vulnerabilidade da mulher têm algo de muito sensual para o "macho" provedor.

Claro que você deve minimizar os seus pontos fracos e fazê-lo acreditar, no início, que são quase inexistentes. O custo monetário é muito importante porque não você pode parecer muito dispendiosa, nem interesseira. Se você se mostrar como alguém que só gosta de requinte, que só usa marcas de grife e que adora o luxo, vai assustar o seu pretendente, que pensará que você é o tipo de mulher com um estilo de vida caro demais para ele sustentar e acabará desistindo. Mas você também não pode parecer um saldo de liquidação.

Inicialmente, coloque-se em uma posição mediana, porque nenhum homem gosta de ter algo que não lhe custou conquistar. Valorize os momentos dispendiosos, mas também os momentos simples. Mostre que é autônoma, mas que admira igualmente um cavalheiro à "moda antiga". É um erro querer se passar por independente feminista; o consumidor-homem gosta de cuidar da sua mulher e de lhe dar bens para a sua satisfação e sobrevivência, é da natureza masculina. Mesmo que não concorde, deixe-o pensar que necessita do seu amparo, porque um homem que não tem esse instinto protetor não é, normalmente, um consumidor fidedigno e compensador.

Numa relação equilibrada, ambos devem contribuir com valores, monetários ou não. Os mais afortunados deverão contribuir com mais, pois têm mais para dar, não é nenhum drama. Mas o homem tem sempre de contribuir monetariamente, mesmo que seja com menos, a não ser que um acontecimento inesperado o impeça de participar. Como boa gestora, você há de convir que cliente que não paga é ladrão!

O custo do tempo é bastante simples de perceber. Todo o tempo que o seu cliente passa com você tem de valer a pena para ele. O homem precisa sentir que você é uma experiência compensadora em todos os níveis — tem senso de humor, é bem-disposta, simpática e carinhosa. Se a relação já está numa fase adiantada, tem de ter momentos de verdadeiro prazer sexual, de entrega e desejo. Claro que o mais importante é que ele sinta o prazer da sua companhia e perceba a outra parte que o enriquece, que nada mais é do que o preenchimento do seu vazio existencial, que só se consegue a dois.

O custo de energia física é o fator de controle. Não se deixe levar pela ansiedade e não queira parecer a "miss insaciável" em ação. Os homens também se cansam e precisam de recuperar. Existe um outro tipo de cansaço físico, que é o "Vamos passear no shopping?" ou "Olha, eu sei que são 11 horas da noite, mas eu queria tanto um *tiramisù*, você pode ir comprar?". O seu par não é seu *office boy*, nem seu mensageiro, não se esqueça. Nós, mulheres, temos tendência para fazê-los de empregados. Não faça isso, a não ser que esteja farta e queira despachá-lo. No entanto, eu sei que é difícil resistir. Acho que só as grávidas podem ficar completamente liberadas para fazer este tipo de exigências.

O custo psíquico: temos muito a dizer sobre isso. Infelizmente, existem mulheres que, equivocadamente, acreditam que, para conquistar um homem, devem envolvê-lo numa teia de problemas emocionais; elas até conseguem manter o mistério durante alguns meses, porém, o desgaste psíquico leva ao rompimento. Ninguém deseja ter uma companhia perturbadora que esteja sempre mal- humorada e que seja instável e incontrolável. Nenhum homem deseja casar com uma mulher assim. Todavia, eles podem não resistir a uma mulher complicada e experimentar, mas, na maioria dos casos, logo se cansam e desistem.

Não invista em comportamentos adolescentes e imaturos, não discuta por qualquer coisa. Se você tem problemas de estabilidade emocional, procure ajuda médica ou de terapeutas profissionais. Os homens não são psicólogos, nem gostam de dar consultas gratuitas. Não faça do ouvido do seu consumidor um penico e, acredite, aqueles que a deixam fazer isso não estão querendo lhe dar atenção, na maioria das vezes, só estão à espera do momento de satisfazer a sua necessidade declarada de dormir com você.

A essa altura, você poderá estar se perguntando: "Para que ter este trabalho todo?" A resposta é simples. Para que o seu consumidor lhe confira um valor incomparável, para que ele reconheça que você é uma mulher especial, a única, a que tem a personalidade mais interessante e os melhores atributos do mercado. Em suma, para que ele sinta um desejo incontrolável de fazê-la feliz.

ESTRATÉGIAS FEMININAS DE CONQUISTA

Nas estratégias femininas de conquista é possível sentir o poder avassalador da mulher. Surpreenda-se e sinta a energia proativa da realização feminina. Eu pensei muito no que a leitora gostaria de encontrar neste livro. Ocorreu-me que talvez esperasse encontrar a informação de como — à luz do *marketing* da mulher — podemos usar as técnicas de conquista de um homem. Sobretudo, como fazer isso num estalar de dedos. Vamos falar de técnicas de sedução, de exemplos, de casos reais e de hipóteses. Por vezes, vamos radicalizar as situações para dissecarmos mais facilmente alguns conceitos. Por isso, começamos falando de romance e de estratégias de conquista amorosa. Independentemente de estar vivendo uma relação, um conflito amoroso ou procurando um novo amor, coloque essa espécie de "mantra" em prática e divirta-se. Vamos deixar outras revelações e ideias secretas para depois. Esta é uma visão possível da vida, real e pragmática. Funciona com mulheres de todas as idades e em qualquer etapa da vida, ou estado civil: solteiras, casadas, entediadas ou divorciadas. É sempre um bom elixir para melhorar a sua qualidade de vida amorosa e a sua posição diante da sedução. Porque nunca é tarde para alterar o rumo da sua vida.

1

As estratégias femininas de conquista: *Push & Pull*

Tal como no *marketing* empresarial, o *marketing* feminino visa a elaboração de um plano estratégico operacional, com o intuito de concretizar um determinado objetivo. Este objetivo, no mundo das empresas, diz respeito ao lucro distribuído aos sócios ou acionistas, proveniente, obviamente, da satisfação dos seus consumidores. No *marketing* das mulheres, entendemos que o nosso objetivo último é a felicidade pessoal. Contudo, necessitamos atingir vários objetivos e ultrapassar diversas etapas do nosso plano para chegarmos com sucesso à meta principal.

Muitos são os objetivos que podemos estabelecer e atingir com sucesso: uma promoção no trabalho, um novo amor, um casamento mais feliz ou uma vida mais saudável. Cada mulher deve estabelecer as suas prioridades de acordo com o que a faz feliz.

Estratégia com esforço *push* (o produto é empurrado na direção do alvo)

Define-se por comportamentos que desencadeiam uma ação que leva o alvo a experimentar o "produto", ou seja, estimula-se o consumo imediato, como, por exemplo, uma promoção feita no ponto de venda com preço de liquidação.

No *marketing* da mulher, consideramos que esta é uma estratégia a curto prazo para a fase da conquista. Por isso, é preciso ter cuidado com o *timing* dessas investidas para que o produto não pareça de "má qualidade", porque neste tipo de estratégia, normalmente, o consumidor experimenta primeiro e avalia os atributos depois. É bastante útil para estimular o interesse em relações duradouras, mas, por vezes, é uma estratégia insensata em relacionamentos prematuros. Contudo, ficam aqui alguns exemplos do "espírito" desta técnica.

Exemplos de estratégias com esforço *push*:

- Convide-o para um jantar em grupo e prepare um jantar romântico, a dois, em sua casa;
- Ao dançar numa balada, mesmo que haja espaço, tente ficar colada nele, roçando em seu corpo o máximo que puder;
- Na praia, ao localizar o seu alvo, procure estender a toalha ao lado da dele e peça para ele passar o protetor solar em suas pernas;
- Na época do Natal, apareça na casa do seu alvo vestida de mamãe Noel, sem roupa de baixo;
- Telefone para ele no meio da noite e se convide para ir dormir a casa dele;
- Vista-se com um *look* felina, usando qualquer estilo com estampa animal ou com um *look glam rock,* cheia de brilhos.

Estas estratégias não são as mais seguras, porque o nosso objetivo ainda está longe de ser conquistado e não há intimidade suficiente para apimentar tanto a relação. Logo, se ele experimenta porque a oferta é grande, muito fácil de adquirir, na maioria das vezes, desiste da compra. Talvez estas estratégias *push* funcionem bem para estimular uma relação mais madura. Vejamos as seguintes estratégias *push* mais sutis:

- Estão numa festa e, no final, você simula que está sem carro e pede a ele que a leve para casa;
- Estão na praia e você estende a sua toalha longe da dele, mas se aproxima para cumprimentá-lo e o convida para jogar frescobol;
- Estão no bar e há uma mesa de *snooker* disponível, você se aproxima e o desafia para jogar uma partida;
- Estão no Carnaval e ambos estão mascarados, você aproveita para passar o dia brincando com ele, joga água em sua boca e depois o ajuda a se limpar;

- Mande um *e-mail* para ele, convidando-o para ir ao cinema;
- Vista-se com um *look sexy*, usando um vestido preto ao estilo *Coco Chanel* ou um vestido envelope ao estilo *Diane von Furstenberg*.

Todas as ações em que é você quem procura o alvo, em vez de ser ele a procurá-la são designadas estratégias *push*, ou seja, é você quem força o consumo, quem promove a "experimentação". Mas, atenção: é preciso agir no *timing* certo para não deixar expirar o prazo de validade! O importante é que a estratégia esteja em consonância com o objetivo. Como vê, o *marketing* está sempre presente no amor, mesmo que muitas vezes você não se aperceba disso.

Estratégia com esforço *pull* (o alvo é puxado em sua direção)

Define-se como o conjunto de ações que levam o homem-alvo a procurá-la. Neste caso, o seu potencial consumidor avalia os seus atributos antes de experimentar, o que provoca nele mais ansiedade e vontade de possuir e, por isso, as ações tornam-se mais certeiras e infalíveis. Estas estratégias servem para quem quer seduzir de uma maneira mais inebriante e discreta, escolhendo meios que promovam a sua imagem a longo prazo, para ganhar mais notoriedade.

Exemplos de estratégias com esforço *pull*:

- Você descobre o bar que ele frequenta e aparece muito bem-vestida. Desfila o suficiente para chamar a sua atenção, fica sentada de frente para ele e distribui sorrisos como se fosse um acaso;
- Você está na praia e avista o seu alvo, acena de longe para cumprimentá-lo. Simula um passeio à beira-mar só para passar por ele e trocar dois dedos de conversa;
- Você chega ao café onde ele já está sentado a uma mesa e pergunta se ele se importa que lhe faça companhia; toma um café com ele, brinca e conversa sobre as notícias do dia ou conta uma piada (ou faz um comentário divertido). Comenta aonde vai na próxima saída noturna, finge que está atrasada para sair antes dele sem parecer que fez de propósito;

- Na época de Natal, você envia um postal eletrônico a ele para desejar-lhe Feliz Natal ou envia uma linda mensagem por sms. Pode ainda mandar entregar uma garrafa de vinho com um cartão para desejar boas-festas;
- Você liga perguntando se ele consegue ajudá-la por telefone a resolver um ataque de vírus que apareceu no seu computador (simulado, claro!) e, se tiver uma chance, convide-o para ir a sua casa resolver o problema pessoalmente (antes de ele chegar bloqueie o computador teclando Ctrl+Alt+Del, sempre parece que aconteceu algo e não estraga o PC).

Estas são estratégias que dão um motivo para ele reagir e se aproximar de você, sem ficar muito óbvio e procurando valorizar a sua personalidade. No entanto, o ideal é combinar os dois tipos de estratégias, fazendo uso de ambas as técnicas a seu favor e no *timing* certo. Para desenvolver um plano personalizado, vamos avaliar a aplicação dessas estratégias a dois objetivos hipotéticos específicos na nossa vida amorosa: encontrar um novo amor ou reacender um amor já existente.

Aplicação de estratégias *push & pull*

a) Conquistar um novo amor

Estratégia *push*

- Ofereça-se para ajudá-lo a limpar a casa, o carro, a mesa do escritório, o que tiver à mão;
- Convide-o para sair;
- Envie um *e-mail*;
- Envie um sms;
- Passe a frequentar os locais onde ele vai;
- Comunique-se com ele no Twitter;
- Deixe-lhe uma mensagem no blogue, MySpace ou no Facebook.

Estratégia *pull*

- Fique amiga dos amigos dele;
- Procure causar uma boa impressão junto aos seus familiares e amigos;

- Participe de uma conferência onde ele está;
- Torne-se amiga dele no Facebook;
- Frequente o mesmo curso de pós-graduação;
- Convide-o para um evento social em grupo (uma exposição, por exemplo).

b) Dar um *upgrade* em sua relação amorosa

Estratégia *push*
- Convide-o para uma escapadinha num motel;
- Prepare um jantar a dois e use uma roupa bem *sexy*;
- Apareça de surpresa no trabalho e convide-o para um almoço bem picante;
- Vista uma lingerie *sexy* para dormir com ele;
- Procure mimá-lo quando ele está triste;
- Faça uma massagem nele;
- Junte-se a ele no banho;
- Apresente a ele uma dança do ventre;
- Procure descontrair e brincar com ele quando o clima está tenso;
- Passeie com ele de mãos dadas num jardim;
- Convide-o para um passeio de barco a dois;
- Ouça o que ele tem a dizer.

Estratégia *pull*
- Trate a família e os amigos dele com delicadeza;
- Valorize as iniciativas dele;
- Prepare uma festa surpresa no seu aniversário;
- Envie um postal com uma declaração de amor;
- Cuide bem dele se estiver doente;
- Prepare os pratos que ele mais gosta;
- Escute-o quando está rabugento;
- Estimule a admiração dos filhos em relação ao pai;
- Compre para ele as roupas que ele mais gosta;

- Controle-se diante dos problemas;
- Ajude-o a resolver os problemas;
- Converse sobre tudo;
- Cale-se e espere pelo momento oportuno para falar calmamente, se uma discussão ficar acalorada demais.

Como você pode concluir, é da combinação destes dois esforços aplicados no *timing* certo que se consegue desenvolver uma estratégia eficiente que a ajudará a concretizar o seu objetivo: ter uma relação amorosa feliz e compensadora.

2

Como seduzir um homem num estalar de dedos

Entramos na fase operacional e vamos imaginar o exercício de conquistar um homem num estalar de dedos. Neste caso, vamos usar uma estratégia *push*, que implica uma ação imediata. Vamos nos empurrar literalmente para cima dele porque, às vezes, são necessárias medidas drásticas. Nesta fase, todos os detalhes contam e a aparência é fundamental. Avalie a lista de atributos que devem ser comunicados pela sua imagem para que a sua apresentação não falhe. Tudo conta, desde a sua maneira de andar, de falar e até de gesticular, e tudo tem de ser feito com a máxima elegância, simpatia e naturalidade, caso contrário, ele ficará assustado e fugirá, com medo.

Plano: Conquistar um novo amor
Atributos comunicados pela imagem: *Ele tem de ficar com a ideia de que você é...*
- Vulnerável
- Sensual
- *Sexy*
- Ingênua
- Disponível
- Curiosa
- Simpática
- Tranquila

Gênero: Tipo de inspiração para usar na representação da sua imagem: a dama de vermelho, com um quê da "chapeuzinho vermelho" mesclado com o "gato das botas"; uma mulher atraente que parece ingênua mas não é, linda, alegre, meio cândida, curiosa e desprotegida. Este é um gênero irresistível para qualquer homem.

Indumentária visual/*look*: Blusa com decote em V, calça bem justa com um pouco de *stretch* ou saia ou vestido um palmo acima do joelho. Nada de *lycra* colante. Se usar pouca roupa, contenha-se; ou mostra o decote ou mostra as pernas, mas sem parecer vulgar ou experiente demais. Cabelos soltos, batom rosa antigo, rímel preto e sombra leve em tom creme e pastel. Use um *blush* em tom de pêssego (ou dourado para as peles morenas) não muito escuro, só para uniformizar o rosto. A maquiagem deve ser discreta para lhe dar um ar natural e autêntico, contrastando com a roupa, que deve ser decotada mas sóbria, com cores que favoreçam o seu tom de pele e de cabelo. Passe o seu perfume preferido, sem exagero. Os saltos altos são indispensáveis para lhe conferir elegância, e use poucos acessórios. Para o dia, óculos de sol.

Existem dois tipos de abordagem:
a) Passar por ele

Coloque a autoestima no teto e pense: "Eu sou capaz!". Vista uma roupa que goste, que a deixe muito *sexy* para que se sinta confiante. Óculos de sol na cabeça para dar aquele charme. E lá vai ela... Passe por ele com calma, encare-o olhos nos olhos, e abane-se toda quase em câmera lenta, estufe o peito e encolha a barriga, componha a postura certa e segura. Sorria com um ar de malícia, olhe novamente para ele e cumprimente-o inocentemente, dizendo "Olá!, bom dia!", e sorria levemente. Continue o seu percurso devagar, ande mais quatro passos e olhe para trás. Olhe para ele e encontre o seu olhar, fite-o por alguns instantes, abra um sorriso enorme e acene discretamente com a mão. Volte-se para a frente e retome o passo lentamente, como quem vai apreciar as vitrines ou os arredores. Abrande o passo enquanto caminha e olhe para trás uma última vez; verá que ele se aproxima subitamente para puxar conversa.

Obs.: Caso este alvo seja alguém desconhecido e mais tarde ele resolver lhe perguntar por que foi tão atrevida, você pode se justificar dizendo que o confundiu com um primo afastado, por isso olhou tão insistentemente e lhe acenou. Um homem não resiste a uma mulher que o encara, olhando nos olhos, volta a olhar e depois sorri para ele. Para um homem, isso é sinônimo de sinal verde (Força! Siga em frente!).

b) Puxar conversa com ele

Utilizando sempre a vulnerabilidade, o sorriso e o olhar de curiosidade, você pode fazer uma simples pergunta: "Pode me emprestar o seu jornal para eu ler uma notícia rapidamente?", "Por favor, pode me indicar o melhor caminho para chegar ao shopping?", "Conhece algum restaurante aqui perto que sirva um bom peixe?". Seja criativa, as perguntas surgirão conforme a circunstância. Se estiver numa exposição, pode comentar a beleza das obras de arte, se for na livraria, pode pedir sua opinião sobre um livro da moda, no supermercado, pode perguntar se ele sabe ver qual peixe está mais fresco ou que vinho aconselha para acompanhar um *fondue*. Enfim, há mil possibilidades para mil encontros "imediatos".

Depois de agradecer muito pela resposta ou pela amabilidade de ter lhe emprestado o jornal, sorria e se despeça com um "até outro dia, muito obrigada…", retribuindo com sorrisos e olhando-o nos olhos. Afaste-se lentamente, usando todo o seu charme, olhe para trás umas duas vezes e sorria. Se ele não vier atrás de você logo em seguida, pare numa vitrine e espere enquanto finge que admira o que está exposto. Utilize a técnica descrita na opção "passar por ele". Caso ele não venha logo, acelere o passo como se fosse desaparecer se estiver na rua, e se estiver dentro de um edifício, esconda-se durante uns dois minutos. Reapareça usando os óculos de sol, com ar de quem se esqueceu de alguma coisa. Sorria ao vê-lo e abrande o passo enquanto caminha para lhe dar a oportunidade de se aproximar.

Nesta hipótese, você pode brincar um pouco de "gato e rato" durante o tempo em que desaparece no edifício ou virando numa esquina. O coração dele vai disparar, pensando que a perdeu para sempre, e o interesse por você aumentará. Então, você reaparece após alguns minutos, abre o seu melhor sorriso e volta à sedução, no local onde o deixou perdido. Você pode voltar fingindo procurar algo em especial, se quiser, entre numa loja, mas faça questão de que ele a veja entrar. Ele não perderá novamente a chance de conhecê-la depois de achar que tinha perdido a oportunidade de falar com uma mulher tão simpática...

Se ele não entrou atrás de você na loja, certamente estará à sua espera do lado de fora.

Fase final

Quando, na fase final, você avistá-lo ou se ele vier até você, receba-o com um grande sorriso. Pare à sua frente e aguarde que ele a convide para tomar algo ou puxe conversa. Todavia, caso ele não faça isso, tome a iniciativa, pergunte se ele gostaria de tomar um café, diga que tem alguns minutos livres antes de um compromisso. Caso ele mesmo a convide, agradeça e diga que tem apenas alguns minutos livres, mas que aceita tomar um café ou um suco. Troquem telefones e vá administrando os encontros com interesse e entusiasmo.

De modo geral, você tem de transmitir que está disponível para conversar e conhecê-lo melhor, sem compromisso, ou seja, que está receptiva, por isso está sorridente e bem-disposta, que é amável e parece ter ficado mexida e curiosa com ele. Desse modo, parecerá vulnerável e até um pouco permissiva com tantos sorrisinhos... Eles adoram meninas bobinhas que precisam de ajuda. Enquanto ele pensa que vai levá-la pelo caminho do lobo mau, está sendo conduzido pela "gata de botas"... Quanto mais ele acreditar que vai levar você para a cama, mais se aproximará; a ideia é dar-lhe um doce e tirá-lo rapidamente da boca. Assim, a desejará muito mais.

Agora que já conseguiu prender a atenção dele, não pode deixá-lo ficar com uma ideia errada. Dizem que os homens vão da cama para o amor, e as mulheres, do amor para a cama. Nessa fase, ele estará tão interessado em você que o coração ficará disponível para lhe comunicar a sua imagem de marca, isto é, todos os seus atributos, qualidades e virtudes. É aqui que você pode promover a sua imagem da melhor maneira; transmita qualidade e ele acreditará em tudo, pois não estará ouvindo nada. No entanto, infelizmente, dentro de minutos, a ilusão vai se desvanecer porque, tal como a Cinderela, você vai ter de desaparecer.

Nesta fase, você precisa conseguir o primeiro encontro, para pôr em prática todos os ensinamentos obtidos a seguir sobre a diferenciação da sua imagem de mulher especial. Nesse primeiro, cause impacto, quanto mais ele ficar com água na boca para o próximo encontro, melhor. Seja misteriosa, não fale muito sobre si mesma, faça mais o gênero "Eu diria, mas tenho mesmo de ir", "Eu adoraria, mas hoje não posso", tente falar o mínimo, diga só o seu nome e que o resto vai ficar para uma próxima oportunidade, que não costuma falar com estranhos, mas que ele lhe pareceu simpático, que inicialmente pensou que era um primo afastado do seu pai, mas agora que o conheceu, parece ser uma pessoa muito interessante, ainda bem que se confundiu. Deve ainda ser muito amável, doce e sorridente. Repita que não costuma falar com estranhos, por mais que pareça um clichê; ele vai acreditar em tudo, afinal, o ego dele deseja fervorosamente acreditar em você. É chegada a hora de ir embora (como a gata borralheira, mas com mais calma), a hora do seu suposto "compromisso"; se possível, esqueça alguma coisa insignificante para promover o próximo encontro. Na despedida, diga "Gostei muito da sua companhia, até outro dia", estenda o braço para um aperto de mão e sorria.

 Ele vai pedir o seu telefone ou vai querer lhe dar o número dele. Não aceite o dele, diga que não tem hábito de aceitar cartões de homens que não conhece bem. Depois de relutar bastante, dê-lhe o seu *e-mail* ou o seu número de telefone e fuja dali.

 A partir dessa fase, obrigatoriamente, você tem de conhecer os princípios para conquistar um homem no primeiro encontro, tais como as técnicas e regras da diferenciação, e o posicionamento da sua imagem de marca, de que falaremos mais adiante, para que ele a considere "a tal". Não se esqueça de que passou a imagem errada de mulher objeto; agora precisa prepará-lo para conhecer uma "musa encantada".

3

Os dez princípios "mágicos" para conquistar "aquele" homem no primeiro encontro

Se a sua intenção é seduzir um homem com firmeza e a longo prazo, estes são os princípios que devem reger o seu comportamento, e eu lhe garanto que funcionam, foram testados por mulheres experientes que andam sempre com um homem a tiracolo e por outras que têm relacionamentos sérios muito gratificantes.

Nunca se esqueça de que, quando está na presença de um homem, seja qual for a razão — entrevista de emprego, negociar os impostos com um fiscal, convencer um agente da vigilância sanitária, argumentar uma ideia com seu chefe, pedir uma redução no aluguel do seu imóvel, discutir um contrato ou simplesmente conversar com um homem —, todos os seus comportamentos contam. Você estará sempre sendo observada e avaliada por um predador e, se ele quer caçar, você é a fada que vai enfeitiçá-lo.

1º – Não fale de problemas sérios no primeiro encontro, muito menos dos seus

Não comece a falar de coisas muito sérias e íntimas, do tipo "Tenho um irmão com uma doença grave, o meu pai tem Alzheimer. A minha colega está com câncer, ontem foi o funeral da minha tia". Nem releve as suas frustrações com revelações do tipo "Estou fazendo dieta, não posso comer carne vermelha nem frituras", ou "Tenho as pernas grossas demais, por isso, agora só ando a pé, quer caminhar comigo do centro até o shopping?". Não faça qualquer referência a celulite, gordura, herpes, cabelos brancos, nenhum tipo de defeito ou característica pessoal que considere negativa.

Estampe um belo sorriso e retire de vez esses temas e preocupações da cabeça, pelo menos durante o encontro amoroso. Nunca fale dos seus problemas familiares, profissionais, divórcio, outras relações, doenças e afins. Se pensa que ele vai ficar com você por pena, engana-se, se acha que pode vomitar os seus problemas em cima de um estranho, está completamente enganada. Você precisa arranjar um psiquiatra, um psicólogo ou um terapeuta. Este homem vai considerá-la uma doida, chata e depressiva, um caminhão de problemas que ele não deseja conduzir.

Estes são os temas de conversa mais horríveis para um homem: problemas! Ele não só acha o tema chato como vai achar que você é complicadíssima e, provavelmente, não haverá um segundo encontro. Ele vai pensa, "Quem é essa louca que pensa que eu vou resolver todos os seus traumas? Tô fora!!!". Aliás, para ser feliz com um homem para sempre, eu arriscaria dizer que você jamais deverá falar dos seus problemas existenciais nem dos da sua família. Os homens não gostam disso, reagem mal, ficam assustados. Para quê aborrecê-los com isso se não vão ajudar em nada?

E, além disso, esta situação pode levar a consequências piores. Se tiver o azar de cruzar com um mau-caráter, ele vai fazê-la cair em algum golpe antes da refeição acabar. Homens interessados em mulheres desconhecidas problemáticas normalmente não têm boas intenções e, muitas vezes, aproveitam para tirar vantagem dessas fragilidades ou, mais tarde, podem usar tudo o que você disse para conquistá-la, dominando-a pelas suas fraquezas. Repito: não se exponha, não fale dos seus problemas ou medos. Se ficar numa posição de fraqueza, é provável que se torne uma presa fácil de usar e de ser precipitadamente substituída, a não ser que você queira que ele pense que é neurótica.

Por algum motivo infantil, muitas mulheres contam a vida toda no primeiro encontro. Aproveitam para desabafar, apelam para a compaixão. Acham que só podem se relacionar com alguém que conheça bem o seu universo complicado, e que um homem, para amá-las, tem de aceitá-las com todos os seus problemas. Tudo bem, mas não no primeiro encontro nem nos seguintes. Provavelmente, há problemas que você não precisa mencionar tão cedo.

Acompanhe as seguintes reações hipotéticas, caso goste de contar a sua vida e os seus problemas logo no início de uma relação, e no caso de ele aparecer novamente para ter um relacionamento com você. Imagine que um amigo encontra o seu suposto par e pergunta como surgiu a nova relação: "Então, fiquei sabendo que está com uma namorada nova, parabéns! Como ela é?" O seu par responde: "Obrigado! Olha, na verdade, eu fiquei com ela por pena, é complicado! Pensa que tem as pernas grossas demais, não come carne vermelha para não engordar, não bebe para não engordar, não anda de carro para não engordar..." O amigo provavelmente vai perguntar: "E ela realmente é gorda?" O par suspira: " Bom, se quer mesmo saber, eu nem sei. Tenho até medo de vê-la sem roupa..." Isso é só para lhe demonstrar que, se insistimos muito num assunto desfavorável (defeito), ele se espalha como uma praga. O seu par poderia responder também: "Olha, ela é uma pobre coitada, a mãe parece que sofre dos nervos, está com um monte de problemas no emprego, não gosta da vida que tem, nunca conseguiu fazer nada sem a autorização do pai. Tem medo de dirigir e acho que está entrando em depressão, porque a irmã nunca a convida para sair com as amigas e o ex-marido não paga a pensão dos filhos. Tive tanta pena que aceitei ficar com ela, até arranjar algo melhor..." Não é esta a imagem que você quer passar, não é? A resposta dele deve ser a seguinte: "Ela é fantástica, muito interessante e inteligente. Não é nada esquisita, está sempre bem-humorada e é linda." O amigo, então, pergunta: "E é boa?" Ao que o seu par logo responde: "O que é isso, cara? Essa é uma mulher como deve ser. Não admito esses comentários. Ela é especial!"

No início, relatar frontalmente todos os nossos problemas e receios é um suicídio amoroso, é como vomitar em cima dele, literalmente, os problemas alheios. Não é um bom começo. O princípio de uma relação é feito para trazer um frescor, para ser feliz, usufruir de boas energias, de sonhos e de boas intuições. E o mais importante: ter muito prazer e satisfazer todas as necessidades do seu consumidor-homem, superando suas expectativas e concedendo a ele muito valor acrescentado, muitos bônus surpresa. Esse é o clima para o seu sucesso, e que deve incitar nas ligações com o seu eleito.

Sugestão

Fale de coisas interessantes, prepare alguns assuntos da atualidade e fale sobre eles. Fale de temas culturais e de entretenimento, fale de interesses que a colocam numa perspectiva de mulher ativa, saudável e equilibrada. Converse sobre temas em voga, mas pouco complexos, conte uma piada realmente engraçada, fale de algumas das suas habilidades: dos pratos que gosta de cozinhar, das aulas de dança do ventre, da última viagem que fez, do último filme que viu ou do livro que está lendo. Mas nada de muito complicado, fale de esportes, de futebol, dos livros e das músicas que ele mais gosta, das expectativas políticas do momento e dos acontecimentos internacionais. Escute bastante, fale moderadamente. Dê espaço a ele para brilhar e se revelar.

Mostre-se interessada nas suas opiniões, concorde com os seus pontos de vista, brinque um pouco com situações de estresse. Não o critique e seja o mais natural possível, concentre-se em mostrar o melhor de si e ocultar o que não acha bom.

Demonstre ser engraçada, divertida e com alguma cultura. Se possível, fale menos do que ele e ouça bastante.

Objetivo

Marcar a diferença positivamente por ser serena, equilibrada e parecer ter uma boa autoestima. Alguém que o surpreenda pela boa disposição, que deixe uma boa imagem de si mesma.

Deixe-o pensando em você, no que não revelou. Crie uma certa curiosidade em relação à sua personalidade, à sua vida e às suas opiniões. Quanto menos contar, mais segredos ficarão por revelar e mais interesse despertará no seu par; ele vai querer conhecê-la melhor e outros encontros serão marcados.

2º – Não seja maledicente nem revele que se preocupa demais com a vida dos outros

Nunca fale mal de ninguém, nem da sua mãe, nem dos seus colegas, nem das suas amigas. Demonstre não pensar demais na vida alheia, o que é o mesmo que dizer-lhe que não é maledicente. E se for, por favor, não demonstre, mude enquanto é tempo. A "dor de cotovelo" é o pior sentimento que alguém pode ter, procure ajuda especializada para tratar esse tema e viva a sua vida.

Os homens odeiam mexericos e fofocas de mulheres. Detestam mulheres invejosas e rancorosas que só se sentem bem rebaixando as outras, até mesmo as suas amigas. Uma mulher que inveja as próprias amigas é insegura e mau-caráter. Uma mulher azeda é sinônimo de intransigente, daquele tipo que implica até com o pano de prato e discute por causa da colher de pau fora do lugar. Antes que isso aconteça, ele já a deixou falando sozinha. Uma dica infalível, que me perdoem os homens que não são assim, mas, na maioria dos casos, aqueles que gostam de mexericos são *gays* mal resolvidos e não assumidos! Pronto, falei! Fuja enquanto é tempo, porque ainda existem muitos que, apesar de bem resolvidos interiormente, gostam de se relacionar intimamente com mulheres para não sofrer represálias e críticas sociais. Um homem assim pode partir o seu coração sem dó nem piedade.

A grande maioria da classe de homens heterossexuais cultos e civilizados não tem o mínimo interesse ou paciência para esse tipo de conversa. Para eles, as mulheres que passam a vida olhando para os sapatos das outras, criticando tudo e todos são seres desequilibrados, fúteis e inconfiáveis. Se gosta de fofocas, controle-se, e, já sabe: "tricotar" só com as amigas e no chá das cinco.

Sugestão

Fale pouco dos outros e, se falar, fale bem. Os seus familiares e amigos são todos interessantes e afetuosos e os seus colegas são simpáticos. Mostre que não gosta de falar da vida alheia, que não é mesquinha e que mantevê boas relações com todo mundo com quem se relacionou durante a vida. Demonstre que é equilibrada, sociável, confiável e uma pessoa de trato fácil.

Objetivo

Defina-se como uma mulher de bom caráter, que respeita os outros e tem muita consideração com o seu núcleo de amigos. Isso o levará a pensar que é uma mulher confiável e fiel. Ficará mais entusiasmado e surpreendido com as suas qualidades, pois você também será para ele uma boa amiga e boa companheira.

3º – Não misture a sua família e o seu passado com relacionamentos pouco sólidos

Não fale mal da sua mãe, mas também não fale bem. Não fale nada, faça de conta que não tem família e muito menos filhos. Os homens detestam mulheres dependentes das mães e dos familiares e têm um medo enorme de assumir a paternidade de um filho que não é seu. Se você já traz uma bagagem, é bom que ela não se note até a relação estar consolidada, pois corre o risco de assustá-lo.

Os homens não gostam de intimidade com as famílias de suas pretendentes porque consideram que isso os compromete; é como se, de algum modo, fossem oficialmente apresentados como noivos, mesmo que as apresentações ocorram de passagem numa livraria. Tudo o que um homem não quer no primeiro encontro é que se fale de casamento, filhos, compromissos, contas para pagar e obrigações. Mesmo que você viva num quarto com os seus dois filhos, deixe essa boa notícia para mais tarde.

As obrigações nuas e cruas ficam para depois e devem ser vividas, não faladas. Depois de conviver, vamos ver o que acontece. Contudo, convívios familiares, só quando ele lhe propuser algo definitivo (como decidirem morar juntos, ficarem noivos ou casar) e passar ao ato, porque não basta falar, tem de provar que é digno do seu amor. Antes disso, não se mistura a família com os namoros e muito menos os seus filhos, que não devem ser desgastados emocionalmente com as suas aventuras. Só o apresente se quiser se ver livre dele. Eles fogem instantaneamente. A nossa família será sempre uma parte muito íntima e vulnerável, é o nosso calcanhar de Aquiles, e, muitas vezes, no contexto errado, pode ser uma fonte de problemas e equívocos.

No entanto, a família é também a nossa força motora, o nosso tesouro, e como é "sangue do nosso sangue", não combina com paixões recentes demais; são sentimentos profundos que só combinam com relacionamentos maduros e sérios. De início, não se pode exigir espírito de sacrifício quando ainda só existe desejo de descoberta, novas aventuras e emoções fortes. O desejo e as responsabilidades entram facilmente em atrito.

O convívio familiar é muito importante num estágio de relacionamento mais avançado, é mais saudável quando as relações são maduras e firmes, aí alimentam o amor, são uma benfeitoria, fazem parte dos encontros e de momentos de convivência animada. Mas, no princípio, não! Não impinja o seu antigo casamento ou o seu divórcio ao seu novo amor. Deixe-o se apaixonar primeiro. A partilha de assuntos sérios vem depois. Um homem que nunca teve um filho e que é sujeito a ouvir uma birra de uma hora do seu anjinho, no princípio de uma relação, quando estava com a expectativa de passar algumas horas de pleno romance, é bem capaz de nunca mais aparecer na sua frente. O que, convenhamos, é uma atitude bastante inteligente da parte dele, pois uma mulher que faz isso não tem bom senso ou ainda acredita em Papai Noel... Contudo, existem homens especiais que poderão até ajudá-la a acalmar a criança, mas não misture as coisas enquanto a relação não se tornar madura, constante e oficial.

Para os homens, conhecer a família é uma espécie de compromisso de honra, tipo noivado precipitado, o que pode parecer casamento à vista. E nenhum homem procura inicialmente uma mulher para casar, é raro. Você sabe muito bem o que eles procuram, não é?

Desse modo, quanto menos ele souber do seu passado e você do dele, mais feliz e confiante será a relação. O passado não traz futuro, enterre-o e não seja curiosa demais.

Sugestão

Caso ele inicie essa conversa, diga que a sua família é muito simples, divertida, que todos se dão muito bem, e chega! Os seus filhos são excelentes, bem-comportados, nunca fizeram uma birra que se lembre, uma sorte!, eles têm muitas atividades e ficam muito na casa dos avós e de outros familiares. Os seus pais são ótimas pessoas e muito bem-humorados, viajam muito, estão sempre fora... Percebeu?

Com o seu ex-marido as relações são pacíficas, quase não cruza com ele, a situação é tranquila e tudo é dividido. E só! Se ele perguntar por que o seu casamento não deu certo, responda que eram jovens, que se davam bem, mas eram imaturos e acabaram decidindo de comum acordo que deviam ser apenas bons amigos e que o divórcio era a melhor solução.

Regra de ouro: nunca fale para ele do seu passado amoroso e das suas aventuras, nem conte aos seus familiares que anda saindo com alguém antes de a situação se tornar séria e decidirem, de comum acordo, que querem passar para o nível seguinte.

Objetivo

O objetivo deste princípio é dar espaço para que ele a conheça como mulher e não a julgue pelas circunstâncias do passado, pelos seus erros ou pelos erros dos outros com quem se relacionou.

Não o assuste com um fardo de obrigações, pois ele poderá pensar que já está pagando por algo sem desfrutar. Proteja-se e pense em você. A família e, principalmente, os filhos, são importantes demais para serem discutidos como vantagem ou desvantagem. Quando um homem a amar de verdade, os seus filhos serão parte do seu patrimônio e só assim ele merece conhecê-los.

Mostre que é uma mulher centrada no futuro e no presente. Que o seu passado ficou para trás e não é um empecilho para os dois conviverem livremente.

4º – Não seja exuberante demais na maneira de se apresentar

Nunca se vista de forma muito provocante nos primeiros encontros, nem com cores muito vivas. Nada de minissaias de um palmo, grandes decotes, saltos enormes e acessórios exagerados. Use tons claros e sóbrios, poucas estampas, peças simples mas femininas, que favoreçam as suas formas, mas que não a façam parecer uma mulher fatal. Se estiver provocante demais, ele vai achar que é uma mulher fácil, que pode levá-la para a cama no mesmo dia e sair depressa sem deixar bilhete, porque, se parecer volúvel, poderá fazer isso e muito mais, mesmo que seja a mulher mais reservada deste mundo.

Mas se você se mostrar exuberante demais, excessivamente extrovertida e dona do seu nariz, ele vai julgá-la muito difícil de aturar. Ao contrário do que podemos imaginar, os homens também acreditam em princesas encantadas.

Sugestão

Use calças jeans não muito justas, uma camisa branca, um lenço de cores claras, um colar simples, um anel, saltos de altura média e casaco acinturado. Ou opte por um vestido envelope de cor sóbria e escura, fica muito elegante em qualquer corpo. São opções mais seguras, você ficará *sexy* e elegante sem parecer monótona.

    Os homens não gostam de grandes adereços, perfume em exagero nem de muita maquiagem, marcas e acessórios. Isso os faz pensar que terão de pagar por isso e que você pode ser uma mulher muito complicada, sofisticada e vaidosa. Eles apreciam a beleza pura e muita naturalidade. Seja sensual, mas pouco exuberante. Um homem gosta de ver as formas sutis e imaginar o mistério do corpo por trás da roupa. Sim, um homem adora mistérios, por isso, insista numa imagem sensual, mas reservada, segura e tranquila.

Objetivo

É muito importante que ele a considere uma mulher de bom gosto e alto nível, só assim ele desejará apresentá-la a todos os seus amigos e familiares. Ele tem de considerá-la o máximo da elegância, imaginando a boa impressão que causará nos outros. Assim, facilmente vai considerar que você é a mulher ideal para ele.

5º – Não se exiba

É proibido se exibir, se vangloriar, demonstrar que tem muitas virtudes, que é muito culta, sofisticada, muito inteligente e com variadíssimas qualidades. Os homens não querem mulheres muito seguras de si, presunçosas e cheias de qualidades. Uma mulher "boazuda", bonita e inteligente demais é, para um homem, sinônimo de perigo iminente. Eles têm mais medo de uma mulher confiante e segura da sua beleza do que de um tigre... Os homens apreciam a segurança e o conforto, a ideia idílica de um fim de semana numa casa de campo com sexo o dia todo, bolinhos caseiros e uma boa massagem no final da noite para adormecer.

    Todavia, qualquer um percebe que uma mulher inteligente é exigente, gosta pouco de ser serviçal, e, às vezes, é excessivamente caprichosa. No mínimo, a casa de campo seria trocada por um *resort* luxuoso, o sexo seria depois da visita ao *spa*, das compras, da manicure, do cabeleireiro e, com muito cuidado, para não estragar o penteado. Por fim, no final da noite você pediria para ele ir buscar um *sushi* naquele restaurante especial que você viu na praça de alimentação e que fica só a dois quilômetros dali, você até lamenta por isso, mas é a única coisa que pode comer e que não engorda!

Sugestão

Mostre-se simples, descomplicada, que tanto gosta de esportes e de aventura como de passeios de carro ou fins de semana em praias desertas. Quem sabe, acampar na montanha ou alugar uma casinha de pescador numa vila à beira-mar. Passar o dia praticando esportes, como corrida, uma partida de tênis ou vôlei na praia; à tarde, aproveitar o pôr do sol, de chinelo, enrolada em uma simples canga, saboreando um peixe frito à beira-mar, ou andando de bicicleta e, à noite, sugira assistirem a um bom filme no sofá.

Se ele sugerir algo mais requintado, tudo bem, você estará sempre disposta a conhecer novos locais, porque gosta de todos os tipos de ambientes e de vivenciar experiências diferentes e, assim, ele vai achar que encontrou a sua alma gêmea. Se conseguir ser assim, não duvide de que terá muitos momentos de felicidade. Mas se não consegue, se o seu traseiro é pesadíssimo e se gosta tanto de esportes quanto de geometria descritiva, finja que gosta e se esforce para mudar um pouco, sempre dá para fazer uma caminhada de vez em quando. Terá mesmo de inventar uma ou duas "mentirinhas"; mas em nome do amor tudo é aceitável.

Objetivo

Para o amor fluir, ele tem de se identificar com o seu estilo de vida e precisa considerá-la uma boa companhia, alguém com quem é um prazer estar e não uma louca compulsiva por compras que vai gastar todo o dinheiro dele e ainda proporcionar-lhe longos e entediantes passeios no shopping.

6º – Nunca entre em competição direta com ele

Não queira competir com um homem que mal conhece nem com o seu marido, com quem está casada há vinte anos, pois o resultado não vai ser nada bom.

O homem precisa achar que é o mais forte, mais esperto, mais capaz e, se não é, pode vir a ser a qualquer momento. Deixe-o acreditar nisso, mesmo que não seja verdade. Não discuta política no início da relação, nem outros assuntos de confronto e discórdia. NÃO DISCUTA! No princípio, só há paixão e harmonia, não pode haver implicações do tipo "A minha empresa é melhor do que a sua, as suas calças são muito justas, não gosto dos seus amigos, não gosto do seu jeito de dançar, não gosto de filmes de ação, as suas amigas querem ir para a cama com você, a sua casa é uma bagunça e não se usam meias curtas porque não é de bom-tom mostrar os pelos das pernas". Se quiser discutir, é provável que ele lhe compre um bilhete para a Antártida, só de ida...

Sugestão

Assunto muito sério! Atenção! Se gosta de emburrar e de levar os homens à beira de um ataque de nervos, vá se tratar, você não está bem e precisa de apoio psicológico. Vá a um psiquiatra, ao médico da família, faça *reiki*, regressão, hipnose, o que quiser, mas cure-se, porque esse comportamento não é normal, ninguém aguenta e ninguém merece.

Provavelmente, vai acabar sozinha, cheia de crises nervosas, de rugas, e ainda por cima, corre o risco de sofrer de problemas cardiovasculares. Feche a boca, morda a língua, conte até dez antes de dar uma opinião, faça tudo, mas não discuta nos primeiros encontros. E se quer um conselho para a vida toda, não discuta com o seu par nem com ninguém! Arranje um psicólogo, um grupo de apoio para exaltados, mas discutir com um homem é, em qualquer fase da vida, o mesmo que dizer a ele "Fuja de mim, que sou o próprio inferno na terra".

Outra questão: evite sair junto com os amigos dele, mas, se não puder evitar, sorria e fale bem de todos, principalmente das amigas, tão queridas, simpáticas e interessantes. Aja da mesma maneira com os familiares dele, caso cruze com algum, e, se ele tiver filhos, são uns amores, fofinhos, as crianças perfeitas. Todavia, fuja desses encontros de segundo grau, pois enquanto a sua relação não estiver bem consolidada, não é razoável lidar com essa questão de suma importância sem que exista o envolvimento assumido por ambos. Você deve sentir que valerá a pena chegar até lá, caso contrário, evite o desgaste, e desfrute enquanto dura.

Objetivo

A maioria dos homens ainda acredita na supremacia da sua masculinidade perante as mulheres. Eles têm pavor só de pensar que os outros homens possam achar que as mulheres mandam neles. Explicitamente, os homens preferem ser mimados a ser confrontados e desafiados para um duelo com a mulher amada. Deixe que ele se sinta confortável com a sua personalidade e não seja uma ameaça para as amizades de que ele tanto gosta. Se o colocar numa posição em que ele tem de escolher entre você e o resto da vida dele, corre o risco de que ele escolha a outra parte.

7º – Não tenha comportamentos muito excêntricos ou sobressaltados

Não fale alto, não ria compulsivamente, não fume um cigarro atrás do outro, não coma depressa demais e não o interrompa quando está falando. Evite parecer nervosa, ansiosa, insegura e descontrolada.

Os homens detestam mulheres que se sobressaem de forma negativa, porque não gostam de ser criticados e não desejam manter uma relação que os assusta. Eles não querem ser motivo de falatório por causa da falta de estrutura da sua namorada, que dará motivos para os outros fazerem críticas negativas. Uma mulher fora de controle é algo que nenhum homem deseja, pois ele não saberá como lidar com essa situação.

Sugestão

Mantenha-se calma, você tem todo o tempo do mundo para mostrar a sua personalidade, não queira mostrar tudo num só dia. Contudo, mantenha um clima interessante, alegre e descomprometido. Se estiver sem assunto, fale de futebol, comece a criar empatia com ele rindo das suas piadas, elogiando as suas opiniões e escutando. Escute muito e fale pouco quando ele conversar entusiasticamente. Mantenha um ar entusiasmado, mas muito descontraído. Responda sempre que ele lhe perguntar algo, tente manter o bom-humor em qualquer situação. Nos momentos em que ele se calar, faça perguntas abertas que o façam conversar.

Mesmo que se engasgue no jantar, que se suje ou que ele lhe diga que está com alface no dente, leve tudo na esportiva, com humor, e sempre que não souber o que fazer, sorria e pergunte a ele como ocupa o seu tempo livre e do que mais gosta.

Seja lá o que for que ele goste, ache sempre muito interessante. Férias na neve? Adoraria esquiar, mesmo que nunca tenha pensado nisso. Correr na praia? É o melhor que há! Golfe? Um dos seus esportes favoritos! Saltar de paraquedas é uma das sensações que não morre sem experimentar. Futebol? Adora! E assim por diante... Já entendeu a ideia? Agora deve estar se perguntando: "E depois, me jogo montanha abaixo? Terei um enfarte na primeira corrida, e... saltar de paraquedas?". Claro que não, a essa altura você já terá pensado em alguma desculpa, é preciso ser otimista e criativa. Talvez surja um imprevisto, uma pequena torsão que a deixará lesionada (Deus me perdoe!), um ligeiro ataque de síndrome de Menière — uma súbita doença genética que provoca vertigens. Mas há sempre a opção de experimentar essas novas sensações, o que poderá ser compensador se conseguir desafiar os seus limites.

Objetivo
Você precisará criar a impressão de que é uma excelente parceira para a vida dele. Se deseja que ele substitua as suas amizades pela sua companhia deve parecer que está à altura dessas aventuras.

Ele deverá considerá-la como uma mulher que aceita novos desafios e que será uma excelente escolha, pois tem um ótimo senso de humor.

8º – Não passe uma imagem irascível ou reivindicativa
Não defenda os seus direitos feministas, as suas ideias radicais e inovadoras sobre a sociedade moderna, não fale mal dos homens, não critique as sociedades machistas e as sogras. Cale-se e ouça primeiro, contenha-se e seja simpática, pois, provavelmente, ainda não é o momento de mostrar a sua veia política e feminista.

Sugestão
Mostre uma personalidade assertiva, de companheirismo, boa disposição e cumplicidade.

Em suma, tudo o que ele gosta vai, aparentemente, ao encontro dos seus gostos, ou seja, a maneira como ele encara a vida é muito semelhante à sua, os objetivos de vida são iguais. E que maravilhosa coincidência, não é? Mas é incrível, você até gosta das músicas e das bandas que ele admirou durante toda a vida, isso não é espetacular? Ofereça-se para pagar a conta ou para dividir. Somente se ele insistir muito, deixe que ele pague tudo e, nos próximos encontros, disponibilize-se para pagar o seu consumo.

Objetivo
Você deve parecer uma mulher equilibrada, que não vai passar o tempo discutindo com ele. Deve parecer independente, mas não demais, pois ele poderá achá-la uma feminista chata, alguém que não precisa dele e não aguenta ouvir uma opinião contrária sem dar um berro.

9º – Não cometa excessos com o álcool, o autocontrole é muito importante

Não se exceda, não beba demais! Seja a miss simpatia. Durante o passeio ou encontro, seja a criatura mais divertida e disposta que ele jamais pensou existir. Os homens adoram ter uma companheira do tipo "animada" que topa tudo, aspecto que eles consideram importante.

Ele vai adorá-la se você conseguir convencê-lo de que é uma ótima companhia para se divertir, alguém com quem ele pode ficar à vontade e falar sobre tudo, alguém com quem poderá ter cumplicidade e não fazer cerimônia. Uma mulher confiável não fica bêbada no primeiro encontro, nem num estado que não consegue tomar conta de si mesma.

Sugestão
Esteja alegre, bem-disposta, disponível para se divertir, ir a um bar, dançar ou sair para comer algo noite dentro. Mas não se entusiasme, porque estará sendo avaliada e todas as bobagens vão lhe custar caro no dia seguinte, se ceder às tentações. Não beba nada alcoólico para se manter bem consciente de tudo o que se passa no encontro...

Se deseja que esse homem se interesse verdadeiramente por você, não fique ansiosa; será preciso partir a tempo, como a Cinderela (tipo às 4 horas da manhã, no máximo, se for à noite, e 6 horas da tarde, se for durante o dia), e não pode parecer muito disponível logo na primeira noite nem nas seguintes... Assim, a certa altura da noite, terá de ir para casa dormir porque tem um compromisso na manhã seguinte. Mesmo que esteja adorando o encontro e não tenha nada para fazer no dia seguinte, vá embora cedo. Invente qualquer coisa, uma corrida matinal com uma colega de trabalho, uma aula de *spinning*, um *workshop* sobre as culturas indígenas, uma exposição, o que lhe vier à cabeça. Mas, em caso algum ele poderá ir com você, por mais que insista, demarque o seu espaço logo de início e deixe-o com água na boca.

Objetivo

Se conseguir manter o controle da animação noturna ou da saída romântica, parecerá uma mulher que sabe se comportar em qualquer ocasião, que não dá facilidades a outros homens (porque também não facilitou para ele) e que sabe o valor que tem.

Não deixe que seja ele a dizer "Tenho de ir embora...", saia antes, pois isso demonstra que não está desesperada para ter companhia masculina e que tem outros interesses, apesar de ter gostado da companhia dele, e que controla suas emoções, que é forte e segura, o que irá despertar mais interesse e ainda mais desejo em conquistá-la.

10º – Não faça sexo no primeiro encontro

Por fim, a última dica e talvez a mais importante: Não faça sexo no primeiro encontro! Não facilite no primeiro encontro, evite o contato físico ao máximo, nem beijo de língua (só um "selinho" ao se despedir é permitido). No segundo encontro, um abraço apertado e mais um "selinho", ao terceiro, um beijo de língua e, a partir do sexto encontro, começa a intimidade, mas sexo, só depois de ter a certeza de que vale a pena, quanto mais tempo levar para ceder, mais ele vai ficar apaixonado; se demorar alguns meses, então, é fantástico. Consegue segurar a onda?

Esta é uma matéria muito subjetiva que depende do envolvimento, da intensidade e do bom senso. Esta dica é para quem quer ter um relacionamento sério e duradouro, contudo, se o seu interesse for outro, vai fundo!

Não se iluda, ele vai julgá-la sempre pela sua disponibilidade sexual; se fizer sexo com ele nas primeiras saídas, ele vai pensar que você é uma mulher leviana que dorme com todos, mesmo que tenha saído de um convento no dia anterior e não tenha conseguido se controlar.

Sugestão

Seja sensual, dance, libere as suas emoções, mas nada de toques excessivos. Mesmo que ache que encontrou o homem da sua vida e que ele a peça em casamento. Não, não... e não!

No máximo, na despedida, dê-lhe um ligeiro beijo de raspão no canto da boca, sem querer, somente para se certificar de que ele vai ligar no dia seguinte. Mas não se esqueça, muitos vêm no segundo encontro só à procura do que não tiveram no primeiro...

Se quer ter uma relação com este homem, controle-se; quanto mais difícil for levá-la para a cama mais ele a desejará e respeitará. Faça a experiência e comprove os resultados.

Objetivo

Ser considerada uma mulher com uma sólida reputação e potencial para ser eleita a mulher mais importante da vida dele. Nenhum homem gosta de sair com uma mulher que já teve muitos amantes, porque tem medo de ser facilmente traído.

Estas são algumas dicas que muitas mulheres consideram a chave do sucesso nas suas relações amorosas. Acredito que para conquistar um amor especial é preciso ter um princípio também especial e, às vezes, é necessário ocultar a experiência e até mesmo contar algumas mentirinhas inofensivas que, anos mais tarde, quando reveladas, serão até engraçadas.

No entanto, tem de respeitar o gênero masculino e seduzi-lo; só assim terá sucesso no amor. Se conhecermos os códigos masculinos e, em particular, a maneira de agir e pensar de um homem que nos interessa, mais facilmente conseguimos conquistá-lo.

A boa notícia é que os homens não são tão complicados quanto as mulheres, são mais pragmáticos e pensam de maneira mais simples. Que sorte para nós mulheres, é claro, termos estes seres quase "imutáveis" para nossos pares. Eles são mais previsíveis e têm comportamentos mais estereotipados, o que nos proporciona mais facilidade para entendê-los, porque se erramos com um podemos corrigir a seguir com outro, isto é, o que funciona com um determinado homem tem 90% de chance de funcionar com outro. É muito reconfortante perceber que com experiência e informação podemos nos tornar excelentes domadoras dessas feras musculosas.

Percebeu agora por que este livro é proibido para homens? Os homens são, geralmente, menos exuberantes e vaidosos. Homens, na sua grande maioria, não têm necessidade de ser os mais lindos da festa, nem os mais bem-vestidos, nem ambicionam ser famosos pela sua beleza. Não falam da vida alheia, não gostam de conversa fútil e não estão muito preocupados se vão ficar velhos e flácidos. Quando um homem dá a impressão de ser parecido conosco, contrariando o que foi descrito, ele continua a ser um homem, mas pode ser um homem *gay* ou, no mínimo, com grandes tendências.

Os super-heróis que, na verdade, são supernormais, valorizam outros temas e não se preocupam tanto com aquilo a que chamam de futilidades e que, para nós, mulheres, são prioridades essenciais.

Análise da concorrência

Sabe por que existe aquela frase um tanto despeitada, mas muito popular entre as mulheres, que diz: "só as mulheres malcomportadas sempre têm sorte"?

Todas sabemos que isso nem sempre é verdade. Nem todas as sortudas são senhoras de má índole ou têm má fama, e nem todas as mulheres oferecidas têm sorte! Contudo, as mulheres sexualmente experientes parecem conseguir fidelizar melhor o seu "consumidor-homem".

Mas dar a entender que se é, nos momentos oportunos, mesmo sem ser, às vezes, tem a sua vantagem. Chamamos isso de arte de seduzir. Conhece muitas mulheres desse tipo? Que sabem jogar charme como ninguém? Elas também são suas concorrentes e são ferozes. Observe-as, analise-as e aprenda com elas, porque elas já descobriram alguns segredos da conquista, mas não os revelam. Pois é, pense bem, observe-as. Fique atenta, pois elas são exímias nas técnicas de sedução, já praticaram muito e, por isso, tomarão a dianteira, se você se descuidar. Não se esqueça de que tem de analisar a sua concorrência para superá-la.

Mas não há nada que não consiga tirar de letra, porque o que interessa é conquistar sem baixar o nível de qualidade, manter uma boa expectativa e, no final, fazer um bom negócio. Chegou a sua vez e existem dezenas de homens prontos a conhecer a mulher espetacular que você é. A sua essência felina está pronta para despertar e vai conseguir desfrutar do amor que a fará feliz.

A melhor estratégia na arte de seduzir um homem é ocupar a liderança, isto é, concorrer ao lugar de líder, não imitando a concorrência, mas destacando-se dela, analisando-a sempre, mas sem lhe dar importância demais. Aposte em si mesma, na sua valorização pessoal e nas suas características diferenciadas. Não aceite comparações, prefira apostar na inovação e na diferenciação. Seja a mais especial.

ESCOLHER, SEGMENTAR E AMAR

Vivemos com várias opções, porém, restringidas às nossas escolhas pessoais. Para sermos felizes no amor, temos de entender como funciona o universo masculino, respeitá-lo, amá-lo e conquistá-lo.

O mais importante para a nossa realização pessoal é perceber o que queremos para nos tornarmos mais felizes. Será que buscamos o que necessitamos? Nem sempre sabemos a resposta, mas podemos sempre optar por escolher, experimentar e amar.

1

Satisfação garantida do seu consumidor-homem

A satisfação do consumidor é o nível de sentimento de um indivíduo proveniente da comparação do resultado obtido com as expectativas. Portanto, a satisfação é o resultado percebido pelo seu parceiro depois das experiências que viveu com você, após comparar o que esperava com o que obteve.

O nível de satisfação aumenta de acordo com a percepção que o consumidor tem da sua satisfação. Se ficar aquém das expectativas, temos um homem insatisfeito; se corresponder às expectativas, temos um homem satisfeito. E se ultrapassar as expectativas? Temos um homem encantado com uma diva.

É aqui que a mulher precisa estar, este é o seu patamar, o que ultrapassa a expectativa. Por isso, é necessário ter vários atributos para conquistar o seu consumidor-homem e deixá-lo plenamente satisfeito. Como já vimos anteriormente, um homem tem necessidades que devemos satisfazer.

Mas não se esqueça de que o verdadeiro amor surge da liberdade; só pensando que é livre para escolher e que você não está interessada em prendê-lo é que ele poderá amá-la verdadeiramente. Um homem deseja casar com uma mulher porque tem medo de perdê-la para outro, porque a quer em regime de exclusividade e em dose concentrada. Com o homem, tudo começa no desejo sexual, depois vem a emoção e a admiração, e da surpresa emocional nasce o amor. Mas atenção, a tensão sexual existe sempre por parte do homem, só acaba quando o amor acaba. Quando um homem rejeita sexualmente uma mulher, seja em que circunstância for, ela pode ter a certeza de que o amor chegou ao fim. Ao contrário da maioria das mulheres que, em geral, primeiro amam e depois sentem desejo sexual.

Para um homem, a mulher tem de ser única e sempre desejável, no início e durante todo o relacionamento, porque é uma deusa muito cobiçada e um produto muito valioso que todos querem comprar. Tem de parecer aos olhos dele a mais bela por dentro e por fora (não precisa de ser a mais linda nem a mais magra). Tem de lhe dar uma experiência relacional compensadora, em que ele se sinta seguro, mimado, admirado e muito elogiado. Ele se sentirá compensado se você conseguir fazê-lo se sentir amado, valorizado e desejado. Às vezes, basta dizer: "Você é tão inteligente" ou "Você é tão *sexy*".

Você tem de oferecer à sua relação amorosa o fator surpresa, o bônus mistério. E, por fim, terá de ser a mulher mais valiosa da terra, a que todos desejariam ter, mas só ele conseguiu conquistar. Não importa se mais alguém se interessa por você, o importante é que o seu consumidor-homem a veja e sinta sempre assim. Um dos segredos para conservar uma relação duradoura e entusiasmada, com o tempo, é manter a percepção no seu parceiro de que é muito valiosa. Desse modo, será sempre desejada!

O que um homem procura numa mulher?

Cada homem é uma exceção e tem as suas características pessoais que devem ser levadas em consideração, mas existem verdades e qualidades universais que são um bom ponto de partida para a mulher moderna perceber como deve aproximar-se e sair vitoriosa. Para espanto de muitas mulheres, considero que os casamentos duráveis que conheço têm por base a satisfação de necessidades bastante conservadoras. Todos apreciam um ninho feliz e quentinho, cheio de criaturinhas fofinhas. Depois que nascem, quem resiste? O segredo é manter a temperatura alta e o ambiente alegre, apesar do barulho das crianças.

Veja os atributos genéricos que os homens procuram na personalidade da mulher, por ordem de importância:

- Sexo intenso;
- Fidelidade e compromisso;

- Beleza e feminilidade;
- Confiança e honestidade;
- Responsabilidade;
- Vulnerabilidade;
- Bondade e carinho;
- Admiração e motivação;
- Cuidado e dedicação;
- Inteligência.

Não se assuste, você não necessita ter todos os atributos; a maioria dos homens se contenta com os dois primeiros. Contudo, quanto mais atributos demonstrar mais interessante se torna. Os homens desejam muito ter sexo com amor e entrega, porque só assim há desejo, intimidade e intensidade. Disso resultam o prazer total e o retorno positivo da relação sexual.

A fidelidade e o compromisso são premissas básicas para que qualquer homem se arrisque num envolvimento mais sério. A beleza e a feminilidade são marcas próprias de cada mulher; não existem padrões, cada mulher é bela aos olhos de quem a ama. Podem ser gordas, magras, altas ou baixas, a beleza vem de dentro e transborda na maneira como andamos, nos mexemos, nos penteamos ou falamos. A mulher cativa e seduz o homem para o amor pela sua personalidade, por ele achar que aquelas qualidades são ideais para uma companheira "desejável". Quanto mais o homem achar que uma mulher é bela e completa, mais ele se entregará na relação.

Para o amor surgir, é necessário existir confiança e honestidade na relação, de ambas as partes. No campo das intenções, é importante que a mulher transmita que irá amá-lo incondicionalmente. A companheira ideal para um homem é uma parceira de confiança a quem ele poderá confidenciar os seus segredos e problemas sem sofrer traições. Para ser a eleita, você tem de parecer responsável para construir uma vida ao seu lado e ser a mãe dos seus filhos, mas também ser vulnerável, ser a fêmea que necessita de proteção e cuidados. A bondade e o carinho são indispensáveis porque são a doçura da relação, a generosidade de quem tem disponibilidade para cuidar do lar e da vida familiar. A bondade é a entrega, é a concessão, o sacrifício que fazemos para tomar conta de alguém já crescido que admiramos tanto, e por quem, muitas vezes, deixamos de tomar conta de nós mesmas.

A admiração é a cereja do bolo em um relacionamento. Não há homem que não goste de ser admirado pela sua mulher: é a motivação de que necessita para se sentir completo. E, para ele, ser cuidadosa e dedicada é estar atenta aos detalhes que realmente interessam na vida dele, e estar lá nos bons e maus momentos.

A inteligência é um atributo que não pode ser demonstrado declaradamente, pois há mais homens que sentem medo das mulheres inteligentes do que aqueles que as admiram. Contudo, comunicar os atributos anteriores em simultâneo pressupõe muita inteligência.

Este conjunto de atributos faz parte do encantamento masculino. São vastos e nem todas as mulheres os possuem completamente, nem precisam para serem as eleitas. Ao longo da vida, elas aprendem e descobrem novos atributos e ganham mais características, de acordo com aquilo em que acreditam e com as necessidades únicas de cada casal. Saiba que estes são os atributos percebidos pelo seu par na óptica da construção de uma relação. Porém, aquilo que você realmente é, o seu patrimônio pessoal, é algo que vai sendo desvendado ao longo da vida, em doses certas. Existe uma parte inconfessável dentro de você, que nunca será desvendada e nunca será conhecida por ninguém; deverá ser preservada a todo custo. É o seu mistério. É o charme ou o feitiço do eterno lado feminino.

Todavia, existe um que não pode faltar: sexo com entrega. Se o sexo for bom e gratificante, ele aguardará que se desenvolvam as outras qualidades ou pelo menos algumas delas, ou talvez nenhuma, pois as suas deficiências também servem para apimentar a relação. E não existe regra sem exceção. Acho que muitas mulheres consideram estas características antiquadas e maçantes. Mas acredite que, pela investigação que realizei em minhas pesquisas, na maioria dos casos é assim. O amor entre um casal é convencional por uma questão cultural e de sobrevivência. É importante referir que estes atributos, quando existem nas relações, são genuínos e recíprocos. Só dando e recebendo no mesmo nível de dedicação é que vale a pena amar o outro. Quando os sentimentos são genuínos, essa partilha acontece sem esforço.

Analise bem o que os homens dizem sobre as mulheres quando são entrevistados e formule as suas ideias. A maioria das mulheres modernas julga que os homens as admiram por serem independentes, sociáveis, extrovertidas e muito destemidas, mas estas características podem, muitas vezes, assustar um homem que foi educado para pensar que deve ter uma mulher para proteger, e que ela cuidará dele.

Sabe como é: "À mulher de César não basta ser... ela precisa parecer ser...". Depois de aprender a amá-la verdadeiramente, ele pode ir descobrindo todas as suas características e até admirá-la por isso, mas, de início, fique atenta aos atributos que promove, vá com calma, pois tem todo o tempo do mundo. Antes de ele a amar pelo que você é na realidade, tem de convencê-lo de que vale a pena conhecê-la melhor.

2

Segmentação e definição do seu mercado-alvo

Tal como no *marketing* empresarial, é necessário escolher um determinado tipo de *marketing* e um segmento de atuação. A mulher não vai usar um *marketing* de massa e disparar em todas as direções, procurando conquistar todos os homens que encontrar pelo caminho. Ela utilizará um *marketing* de mercado-alvo, em que escolhe um segmento de mercado ou vários para atuar e promover o seu "eu".

Estabelecer segmentos de mercado é definir alguns grupos de consumidores-homens de acordo com alguns aspectos, desejos, poder econômico e atitudes que lhe interessam mais. Se você procura intelectuais, tem de identificar detalhadamente o seu perfil para adequar uma estratégia, que será diferente se o seu segmento de eleição for homens esportistas ou executivos. O estilo de vida é um excelente indicador do grupo de homens que poderão lhe interessar.

No seu caso, pode escolher mais do que um segmento. Os segmentos são grupos extensos de homens identificáveis que lhe despertam interesse e com os quais gostaria de relacionar-se.

Existem múltiplas maneiras de escolher um ou vários segmentos ou o segmento-homem. Mas é uma escolha individual, pois depende do seu gosto, do meio cultural em que vive e do que ambiciona. A sua cultura, seus interesses de vida e sua personalidade certamente irão influenciar muito em suas escolhas.

A partir de algumas variáveis, você vai definir os seus segmentos-alvo para que possa se aproximar deles, socializar e selecionar um preferido. Mas, primeiro, precisa encontrá-los, por isso, deverá começar a procurar nos locais que eles frequentam. Vejamos algumas sugestões:

Executivos e empresários: Homens de sucesso profissional, ricos, de classe alta, com personalidade ambiciosa e empreendedores.

Onde procurar: Nos concertos de música clássica, nos teatros e grandes espetáculos culturais, exposições de arte e eventos culturais. Nos restaurantes da moda, nas livrarias, mais especificamente, no corredor dos livros de gestão, nas lojas *gourmet*, nas empresas, nas lojas de marca especializadas em roupa masculina (você pode ir para "procurar uma gravata para o seu pai"), na sala de musculação das academias da moda (vá na hora do almoço, antes e logo após o jantar). Ou ainda, nos campos de golfe, clubes de tênis ou de hipismo.

Leia os principais jornais e esteja atenta a seminários, congressos e reuniões empresariais; estes locais são fundamentais para encontrar executivos, passe por lá, nunca se sabe...

Homens esportistas: Homens de classe média ou média-alta, alto grau de lealdade, residentes na zona urbana.

Onde procurar: Nas academias, nos clubes, na praia, praticando esportes náuticos, nos parques ou praças esportivas da cidade, praticando esportes. Nas ruas mais movimentadas, numa tarde de sol, no cinema, em lojas de roupa esportiva ou de CD e no supermercado. Nos restaurantes de comida japonesa, italiana ou temáticos.

Você pode ainda encontrar este segmento nos campeonatos nacionais dos mais variados esportes, nos ginásios das cidades universitárias, congressos e *workshops* esportivos, no iate clube, onde praticam vela e nas marinas.

Homens de estilo alternativo: Homens com mais de 40 anos, autônomos, sociáveis e com uma atitude positiva diante do produto (caso seja vegetariana ou budista).

Onde procurar: Nas academias de ioga e nos centros de cultura oriental, nas lojas de produtos esotéricos e nos restaurantes vegetarianos. Nas feiras populares alternativas, nos espaços verdes da cidade, meditando ou fazendo *tai chi*, nas livrarias, consultando livros de autoconhecimento. Em palestras sobre filosofia oriental, concertos ou festivais de música ao ar livre, nos restaurantes e bares temáticos alternativos, em festivais de rua, seminários sobre meditação e cultura alternativa ou em cursos e *workshops* de meditação, comida vegetariana ou artes marciais.

Depois de definir o seu segmento-alvo, você deve investigar onde poderá encontrá-lo e procurar frequentar esses locais. Imagine, por exemplo, que deseja conhecer um motociclista: você precisará, então, frequentar um moto clube, ir a encontros de motoqueiros e exposições de motos. É um exemplo possível, exige apenas alguma pesquisa e criatividade.

Contudo, convém ter uma ideia definida do tipo de homem que você quer para a sua vida: solteiro, casado, ambicioso ou trabalhador? Deve saber o que quer e o que não quer, para não se envolver em problemas, e então, deixe que a vida a surpreenda. Enfim, é bom saber o que procuramos para não desperdiçarmos tempo, porque só vale a pena ter clientes que sejam valiosos.

Costumo segmentar os homens livres no mercado de acordo com o seu perfil comportamental e outros fatores, do seguinte modo:

Homem pateta: Casado, comprometido, infiel e falastrão. Conta sempre a mesma história: a mulher é doente, depressiva e não tem relações sexuais com ela há muitos anos. Está separado, mas vive com a mulher por causa dos filhos.

Onde se encontra: Nas boates e nos bares da cidade, sempre com um copo na mão e encostado ao balcão. No bares dos hotéis, enquanto a mulher coloca os filhos para dormir.

Homem Peter Pan: Não quer crescer. Solteiro ou divorciado, com mais de 40 anos, sempre à procura de novas mulheres, cada uma melhor do que a anterior, tem aversão ao casamento. É um "mauricinho", atraente, excessivamente vaidoso, muito produzido, egoísta, egocêntrico e pertence ou ascende à classe média e média alta.

Onde se encontra: Nas academias, nas boates, nos restaurantes da moda, nos eventos culturais, nos concertos e espetáculos da moda. Em quase todas as festas sociais e eventos do momento. Ele está em todas, pois não tem compromissos e procura ansiosamente por uma nova aventura amorosa. É, normalmente, o preferido das mulheres, mas é o que mais as faz sofrer. Fuja dele, não vale o esforço!

Homem Conan: Divorciado ou solteiro, com mais de 30 anos. Pula de galho em galho, está sempre disponível, é oferecido e volúvel, está sempre reclamando nabarra da saia da mãe. Apesar de robusto e musculoso, é frágil e não aguenta nem uma gripe. Para ele, a mãe é um modelo, por isso procura nas mulheres a imagem da sua mãe, perfeita e dedicada. É um menino mimado e muito antiquado.

Onde se encontra: Em eventos culturais, bares de música ao vivo ou de *karaokê*, teatros, restaurantes com ambiente jovial. Está sempre com o pulôver nas costas, camisa xadrez e o cabelo partido ao meio. Tenta fazer o mesmo percurso dos anteriores, mas sem sucesso.

Homem fugitivo: Solteiro, com mais de 30 anos, que some sem dar notícias logo após conquistar o seu objetivo. Quando você pensa que a relação vai dar o passo seguinte, ele já desapareceu. Inventa histórias fenomenais só para ter uma noite de sexo, mas no fim, quando você volta do banheiro, ele já não está mais no quarto. Tem milhares de amigas mas não consegue manter uma relação por mais do que uma hora. É um solteirão que provavelmente ainda vive com os pais. Tem medo de assumir responsabilidades.

Onde se encontra: Pode estar nos mesmos lugares que os anteriores, ou em um jantar na casa de amigos de longa data. Ou numa exposição, num evento, ou na praia, bronzeando-se numa tarde de sol, talvez sentado ao seu lado no trabalho ou atrás de você na fila da mercearia.

Homem aranha: Qualquer estado civil, maior e vacinado. É o homem encrenca, muito ciumento, conflituoso e inseguro. Exige tudo e não dá nada! Tem quase todos os defeitos imagináveis e procura na mulher, sobretudo, uma mãe e uma escrava. É ciumento, controlador, severo e preconceituoso.

Onde se encontra: Está em todo lado: na livraria, na mercearia do bairro, na academia, na locadora de filmes, na loja de decoração, na floricultura ou no jardim. Está sempre disponível e puxando assunto. É de fugir...

Homem máscara: Qualquer estado civil, maior e vacinado. É o mais lindo, mais bem-vestido, mais charmoso e convencido. É misterioso e promete muito, mas não dá nada, vai dando corda, vai jogando charme... Cria grandes amores platônicos e deixa as mulheres loucas. Tem tanto bom gosto e tanta pinta que as deixa completamente apaixonadas.

Onde se encontra: Está em todo lado: na escola de dança, na academia, na faculdade, no *lounge* do bar da moda, em todas as festas badaladas e em qualquer evento. Ele é a moda!

O único senão é que, por vezes, ele não é ele, é ela, ou é "bi" ou *gay*! Você não acha que era bom demais para ser verdade? Com ele você está em perigo iminente, os mais mal-resolvidos podem ser maquiavélicos e cruéis, gostam de magoar as mulheres gratuitamente, porque não sentem nada de profundo por elas, apenas representam tudo o que abominam. Ao contrário do verdadeiro galã garanhão, que faz a mulher se sentir única e nunca larga a presa até ter o que quer, este é um galã social que começa algo e nunca termina, é cheio de insinuações sensuais que nunca chegam a acontecer, de possibilidades que ficam pelo caminho e faz o tipo "fugitivo".

Como é possível reconhecê-lo? Se ele demora mais tempo para se arrumar do que você, se ainda vive com a mãe, se às vezes é mesquinho e cruel — por exemplo, fica paquerando você por meses e nada acontece, quando, finalmente, ele a convida para passar um fim de semana com ele na praia (onde vive), mas uns dias antes da viagem ele lhe envia o convite da festa programada para esse fim de semana, com um pedido especial: "Favor trazer uma caixa de vinho rosé". É como se dissesse: "Não vá pensando que vou ter alguma coisa séria com você…". Abra os olhos! Se ele tem um passado muito instável com mulheres e relações de curtíssima duração e fica sempre se insinuando — pode ser muito sensível e romântico, mas promete e nunca concretiza, e até quer lhe ensinar a se vestir melhor —, desista e invista numa amizade. É útil para ir ao shopping ou para sair à noite e tem sempre diversos contatos. Acredite, há muitos tipos como esse andando por aí, num cinema, bem pertinho de você, com medo de sair do armário.

Homem super-herói: É uma agradável surpresa por ser supernormal, não é como os descritos anteriormente, por isso, nos apaixonamos por ele e achamos que encontramos o nosso super-herói. Não é estereotipado. É sossegado, solto, generoso, dedicado e cavalheiro. É o tipo de homem que nos surpreende pela autenticidade, é tão lindo por dentro que o aspecto exterior não nos interessa. É sedutor, tem senso de humor e é muito flexível.

Onde se encontra: Normalmente, está bem à sua frente ou por perto, mas você não o vê. Ou não dá nada por ele, porque o acha normal demais... Abra os olhos!

NOTA ÀS SOLTEIRAS: Procurem um potencial alvo masculino em locais onde eles costumam ir em grupos, para se divertir ou em férias, como, por exemplo, numa estância de esqui ou num clube de campo onde eles se reúnem para jogar golfe com os amigos.

3

Dicas para fazer amigos especiais nas redes sociais

Ao entrar numa rede social, você conseguirá apresentar uma boa imagem se colocar uma foto que deixe transparecer uma personalidade interessante; choverão convites para conversar e quem sabe você pode partir para um relacionamento mais íntimo. Na internet tudo é muito rápido, por isso, tem de frear os avanços mais imponderados e avaliar se vale a pena perder tempo com um homem incógnito. Mas há algumas sugestões que você deve aproveitar.

Use *online* as mesmas regras de bom senso que usaria num encontro a dois, cara a cara. Aceitaria beber com alguém que acabou de conhecer há cinco minutos? Não! Então, na realidade virtual, você também não deverá partir logo para um encontro real.

De início é preciso saber selecionar! Você só deve optar por convites bem-intencionados e não se deixar levar por aberrações demasiado explícitas, como convites de homens que aparecem em fotos com o dorso nu e daí em diante. Na dúvida, quando não se conhece a pessoa e a foto de apresentação é estranha, recuse o convite. Rejeite e evite manter conversas que incidem diretamente nos seus atributos físicos: "Você é mesmo linda, pode me enviar uma foto de corpo inteiro?". Decline estas solicitações. Quando se sentir incomodada com abordagens que considera esquisitas, e lhe perguntarem "Você quer se encontrar comigo?" ou "Você pode me dar o número do seu celular?", a resposta só pode ser não! Esse tipo de abordagem desesperada denota um tipo de homem aventureiro e oferecido demais. Rejeite, não perca tempo com homens desequilibrados!

Na eventualidade de se deparar com qualquer tipo de abuso ou anormalidade, há sempre a opção de excluir essas pessoas, evitando que elas possam se comunicar com você ou terem acesso à sua página pessoal, o que é uma segurança e uma excelente medida para os mais afoitos "grudes" virtuais.

Ao receber convites de estranhos, analise-os e ponha-os à prova para sentir o que o seu instinto lhe diz dessa pessoa. Você pode sempre puxar uma conversa e fazer algumas perguntas que lhe darão pistas. Faça as perguntas normais (idade, nome, onde vive) e outras que o façam falar, ou seja, perguntas abertas que o obriguem a uma resposta longa e que não podem ser respondidas com um simples sim, não ou talvez.

Perguntas abertas para extrair informações
- O que você costuma fazer quando não está teclando?
- O que você faz para se divertir?
- Onde você costuma ir nas férias?
- Onde você estudou?
- Onde trabalha?

Se ele não responder claramente às suas perguntas é porque está escondendo algo: ou é comprometido com alguém ou está se fazendo passar por outra pessoa.

Se considerar um determinado contato interessante, deve perder alguns minutos pesquisando. Procure o currículo dele nos sites de recursos humanos e opte por visitar a sua página pessoal nas redes sociais, veja o que mostra a seu respeito, com quem se relaciona, o que diz e como se exibe. No caso de não lhe interessar, decline o convite. Um exibicionista virtual não é um bom contato para você. Se a sua sensibilidade ficar incomodada com algum aspecto dele, recuse essa amizade. Não será bom para você, confie na sua intuição e fique atenta aos sinais de desequilíbrio ou aos apelos expressos para aventuras sexuais. Verifique se ele é um mulherengo *online*, se constam muitas amigas em seus contatos (quase exclusivamente) e se ele conversa principalmente com mulheres. Se as suas conversas só rondam o tema das mulheres e das baladas, definitivamente, é um mulherengo convicto. Se tem fotografias exibicionistas demais, em que mostra orgulhosamente os seus músculos e há indícios que a façam pensar que ele tem uma postura narcisista, do tipo "Sou bom, muito bom!", ou até mesmo o contrário, o que também é alarmante, "Sou um coitadinho! Ninguém me compreende!", recuse e recuse. Opte pelos mais equilibrados.

Portanto, tenha cuidado com aqueles que se fazem de deprimidos, "coitadinhos", e com os que aparentam ser "conquistadores" desinibidos. É preciso não perder tempo nem a paciência com os internautas desequilibrados. Aparentemente, poderá ser difícil julgar, mas há maneiras de identificar sinais de desequilíbrio no modo como se exprimem. Por exemplo, as manifestações de agressividade gratuitas em que começam a fazer afirmações do gênero: "Detesto isso...", "Odeio aquilo...", ou "Não suporto quando...". Outros usam imagens bizarras ou *nicknames* (apelidos usados na internet) estranhos e assustadores. As pessoas mais sadias não falam dos seus interesses íntimos e frustrações numa página da internet, nem no primeiro encontro, pois são serenas e discretas. Em suma, são, aparentemente, emocionalmente normais.

Também existem pessoas que divulgam imagens de demônios ou de situações negativas, talvez porque não estejam na melhor fase da vida para se conhecer. Ou porque não se identificam com a sua imagem real e, normalmente, não gostam de si mesmas e usam outras imagens como subterfúgio para liberar a pressão dos seus problemas e frustrações. Essas pessoas estão claramente escondendo algo, não são capazes de ser autênticas, estão deprimidas e não parecem ser saudáveis, ou seja, não servem para manter um relacionamento verdadeiro.

A avaliação é sua, mas você deve considerar que se algumas pessoas mentem mais na internet porque não estão sujeitas a um julgamento imediato, pelo mesmo motivo, outras são mais francas e livres de preconceitos. Mas se achar uma pessoa interessante, não hesite. Responda aceitando o convite e se comunique com esse novo conhecido. Procure aderir às solicitações de amizade, seja homem ou mulher. Contatos nunca são demais para quem gosta de se comunicar e conhecer novas pessoas.

Sugestões para apresentar uma imagem positiva na internet

Seja atual, adicione e crie a sua página nos sistemas de comunicação modernos, mas tenha em mente que o melhor é não falar muito de si mesma; mantenha alguns segredos da sua personalidade para instigar a curiosidade ao máximo.

Exiba uma boa imagem

Escolha uma foto em que esteja bonita, com ar descontraído. Deve ser uma foto bem tirada, que favoreça a sua imagem; todas as fotos devem expressar o melhor de você, alegria e boa apresentação.

Publique a sua melhor foto; se não tiver nenhuma, contrate um profissional. Acredite, faz toda a diferença. Não exponha o seu corpo, a sua nudez nem faça poses muito sensuais, porque dará a impressão de que é uma mulher vulgar, procurando apenas relacionamentos sexuais.

Transmita uma personalidade interessante

Não exponha os seus pontos fracos, descreva e focalize os pontos fortes. Escreva sobre as suas qualidades, experiências boas, habilidades, sonhos e ambições. As suas competências profissionais, os seus talentos e viagens realizadas.

Use um estilo alegre e de bem consigo mesma

Não seja melancólica. Não faça da sua página pessoal um diário onde relata os seus problemas e dificuldades; ninguém aprecia pessoas depressivas. Não exponha as suas dúvidas existenciais e frustrações no mundo virtual; milhares de pessoas já fazem isso, e deve ser por esse motivo que a internet faz tanto sucesso, pois todos podem mostrar que são frustrados e ninguém fica escandalizado com isso. Pelo contrário, alguém responderá do outro lado: "Ei! Mano, eu também sou completamente maluco. Percebo, perfeitamente, meu chapa!". Para esse efeito, pode-se criar um blogue.

No *marketing* da mulher queremos ser originais e não parecer que somos pessoas tristes, pois a vida adulta é como a vida infantil, um dia estamos mais tristes, outro dia mais felizes, um dia eu gosto de você, no outro dia nem tanto...

Crie a impressão de que é uma pessoa bem-disposta e divertida

Precisamos mostrar o melhor de nós, sempre. Não vamos falar do dia em que não estamos nos sentimos bem, mas de como conseguimos nos sentir verdadeiramente felizes, de como somos entusiasmadas com a vida, do que nos faz viver apaixonadas e quanto ansiamos por experiências novas. Este é o nosso compromisso na vida virtual, que é, hoje, a vida real. Quer seja na internet ou olhos nos olhos, temos de falar do melhor de nós mesmas, não do pior. Esta é a visão do *marketing* da mulher: passar uma imagem sempre positiva.

Para se inscrever num desses sites, você tem de se expor, mas não precisa fazer isso sem pensar. Prepare a sua apresentação e use as características que mais aprecia ou algumas sugestões feitas no capítulo de posicionamento, quando falamos na comunicação da imagem de marca.

Seja criativa e use o senso de humor

Crie na sua página pessoal o seu estilo e use a imaginação para fazer algo diferente. Sugiro que use o seu senso de humor, coloque um filme com uma chamada engraçada, uma foto divertida ou escreva uma piada. Você pode também escrever um texto, colocar o seu poema preferido, parte de um filme que adora e o seu blogue. O *software* também traz muitas dicas de personalização que podem ser usadas, como aplicações em que você escolhe publicar "Se eu fosse uma atriz seria X", "A música da minha vida é Y", "O meu filme preferido é K", "Em outra vida eu fui Z". Estas são excelentes formas de lançar a isca para que alguém entre em contato com você e comente o que publicou na sua página.

Conclusão

Não se esqueça de que tudo o que escrever ou publicar será julgado por outras pessoas em poucos segundos. Se deseja ter sucesso *online*, escolha bem as fotografias que publica e as informações que dá a seu respeito. Uma amiga colocou na página de um site de encontros algumas fotos da sua viagem preferida e logo em seguida ela começou a receber comentários estranhos, do tipo: "Você deve ser muito alta. Olá, eu sou o Rui e tenho 1,90 m. Pelo que vejo, você é muito grande". Ela ficou um pouco intrigada com aqueles comentários. Por que lhe perguntavam se era alta, se media apenas 1,60 m? Olhou para as fotos publicadas e lá estava a resposta: as fotos das férias na Tanzânia! Ela tinha colocado, como foto de perfil, a imagem de uma girafa.

Como vê, qualquer imagem ou informação inusitada leva a interpretações muito diferentes do que se deseja provocar. Se expuser uma imagem com uma roupa muito provocante, segurando uma bebida e com grandes decotes, a maioria dos homens vai julgá-la uma mulher fácil, que apenas deseja sexo e divertimento. Independentemente do seu comportamento, a maioria dos homens *online* vai tratá-la de acordo com a ideia preconcebida que você criou a seu respeito.

Caso real: sucesso explosivo *online*

Inês é casada e muito bem resolvida com a vida e adora a sua amiga Clara, recentemente divorciada, que só vive para o trabalho. Inês é muito casamenteira e decidiu cadastrar Clara num site de encontros amorosos, para impulsionar a vida social da amiga com novos potenciais amigos masculinos.

Já que Clara não é nada adepta das novas tecnologias, Inês se ofereceu para ajudá-la a experimentar esse tipo de aproximação, encarregando-se de todo o processo de adesão. Para se certificar de que a amiga iria levar a sério as propostas de amizade, numa primeira fase, Inês decidiu se fazer passar por Clara e só depois repassar-lhe os contatos.

Clara deu liberdade total a ela para escolher o seu perfil no tal site e colocar a sua fotografia. Decidiram que, inicialmente, colocariam o *e-mail* da amiga casada (porém, secreto para os outros usuários, servindo apenas para receber as mensagens de potenciais correspondentes). Ela ficava encarregada de encaminhá-los para a amiga, que posteriormente os analisaria e avaliaria se valia a pena se corresponder com aqueles homens.

Como Inês queria que Clara levasse aquela tentativa de encontro amoroso a sério, ela a cadastrou num fim de semana e aguardou. Na segunda-feira seguinte, a sua surpresa foi brutal quando abriu o *e-mail* e verificou que tinha a caixa de correio eletrônico completamente entupida de solicitações de homens que queriam falar com a Clara. Eram dezenas, e cresciam a cada dia, impedindo-a de realizar o combinado, porque era impraticável reencaminhar tantos *e-mails*.

Muito entusiasmada, ela ligou para a amiga e contou sobre o sucesso que ela estava fazendo *online*, e decidiram criar um *e-mail* próprio para receber aquelas efusivas solicitações, porque se acumulavam centenas de convites de potenciais interessados na caixa postal de Inês. Começou a ficar impossível gerenciar o *e-mail* pessoal e tratar dos e-*mails* de trabalho com aquela chuva de convites a toda hora.

Passados quinze dias, Clara resolveu se encontrar com Inês, para resolver o assunto.

Muito entusiasmada, Inês começou a explicar à amiga como o site de encontros funcionava, e ambas levaram um susto quando consultaram as páginas de contatos do *chat* e verificaram que a "potencial noiva internauta", Clara, já tinha mais de mil solicitações para conversar *online*. Em apenas quinze dias! Fizeram uma festa de risos e gargalhadas. Afinal, era um verdadeiro sucesso. Inês era muito bem-informada sobre o ambiente *online* e nunca ouvira falar de um fenômeno de respostas tão grande.

Foi tão grande a surpresa e fizeram tanto alarido enquanto comentavam, com espanto, aquelas respostas inesperadas, que despertaram o interesse do marido da amiga, que estava tranquilo na sala ao lado, lendo o jornal e foi ver qual era o motivo para tanta alegria. Quando lhe contaram o que tinha acontecido, ele também riu e ficou admirado.

Logo depois, Inês comentou com Clara que seria melhor verificar o perfil, pois ela mesma tinha colocado os gostos e características pessoais, e não estava segura se havia acertado em todas as opções. Enquanto comentavam o perfil, o marido de Inês permanecia atento, muito intrigado, apesar de continuar lendo o jornal. A determinada altura, Inês comentou: "*Sexy...* coloquei *sexy* no estilo, porque as outras opções não tinham muito a ver com você. Para responder à pergunta: "Eu diria que o meu aspecto é?", eu escolhi *sexy*. Achei que era o atributo que mais tinha a ver com você. Porque intelectual não tinha nada a ver..." De repente, o marido de Inês soltou uma gargalhada e disse: "Você colocou *sexy*? Isso é o mesmo que dizer *quero sexo*!". Fez-se um segundo de silêncio. Olharam uma para a outra e deduziram, instantaneamente: "desgraçados, daí tanta resposta". Clara dirigiu-se a Inês, sobressaltada: "Eu não falo com esses tarados. Apaga tudo!". "Está vendo, amiga? Como os homens pensam?", disse Inês, com ar reprovador. Em defesa da sua classe, o marido retrucou: "Você escreveu *sexy*, o que esperava?".

Elas encolheram os ombros, olharam uma para a outra e nem lhe responderam. Zangadas com tanta ansiedade masculina, aos contatos mais recentes — "Quer tomar um café?", "Gostaria de tomar um drink comigo esta noite?", "Posso te conhecer?" — decidiram enviar uma mensagem, dizendo: "Não bebo nem álcool, nem café, nem água. Não estou disponível para nenhum tipo de conversa. Passe bem." Ainda assim, houve quem respondesse: "Está doida? Você é tarada ou o quê?".

A experiência não foi nada agradável para Clara, que se indignou com cerca de mil potenciais consumidores com a ideia errada a seu respeito e muito insistentes, e anulou o cadastro.

Mas acabou arranjando uma companhia masculina pelo método mais tradicional, no trabalho, provavelmente para impedir Inês de inscrevê-la em outro *chat* de romance auspicioso...

Estas amigas aprenderam que na internet a primeira ideia que transparece é decisiva, e que a palavra *sexy* é como pólvora entre os internautas. Apesar deste episódio cômico, aconselho quem é solteira a usar a internet para conhecer pessoas, mas mantendo um certo critério ao fazê-lo. Considero que esta é uma maneira perfeitamente normal e atual e, no futuro, talvez seja mais usual do que conhecer alguém na rua. É sempre mais prático do que perder noites perambulando pelos bares da cidade com ar impaciente.

A dica positiva é promover uma boa imagem, escolher uma foto em que esteja atraente, mas discreta, e mostrar uma personalidade vivaz e alegre. Verá que choverão convites. Outro conselho: se estiver muito desesperada, você só tem de colocar no perfil que é *sexy*; posteriormente, terá oportunidade de desmontar a ideia de que é uma mulher fácil. Pode sempre dizer que foi uma amiga que a inscreveu, que nem sabia o que estava no perfil, enfim... A imaginação é o limite. No entanto, será difícil livrar-se de tantos tarados.

Segmento: o falecido

Você pode criar a sua própria segmentação, os seus conceitos e modos de análise do seu segmento-alvo, de acordo com o seu gosto e circunstância pessoal. Contudo, deve conhecer um segmento que muitas mulheres adotaram, com sucesso, para esquecer os homens errados. Eles são os ex-namorados, ex-maridos e ex-amigos coloridos. Alguém que passou na nossa vida e nos magoou muito, e que pertence ao segmento que eu designei como: o falecido. É aquele homem desprezível que todas queremos esquecer. Está morto, é enterrado, ficamos de luto e o tempo ajuda a curar. Acabou. Morreu!

Comecei a usar este segmento na minha adolescência e logo vi que a sua utilidade é crucial. Sempre que alguma amiga estava em fase de desamor, na "fossa", eu lhe explicava que estava diante do segmento do falecido, enterrando uma relação com um homem que não prestava. Durante anos, passamos este ritual entre amigas e, até hoje, é posto em prática sempre que preciso. Quando nos surge na vida essa experiência, temos de enterrar a lembrança desse homem na nossa cabeça e decretar o luto da relação, ou mais especificamente, sofrer a desilusão, tratar do velório mental e nos habituarmos a viver com a ausência. Devemos começar por declará-lo morto, para nunca nos esquecermos do quanto ele foi prejudicial, e quando há alguma recaída e sempre que uma amiga liga para pedir consolo por causa de um "ex" desse tipo, sempre que toca no nome dele, eu corrijo: "Desculpe? Você viu quem? O falecido, no shopping?" A frequência de certos lugares está incrível! Isto é, nem se pode pronunciar o nome dessa criatura. Foi péssimo, morreu. Está morto. Nós não queremos relacionamentos com mortos-vivos, não é? E você nem imagina como é difícil se livrar de um morto-vivo, é uma peleja.

Todavia, a verdade é que há mulheres inteligentes dormindo com mortos-vivos, porque não é fácil enterrar um amor. Mas, mesmo que haja recaída, assim que se recupera a lucidez, deve ser retomada, sem demora, a cerimônia de despedida. Porque são homens que nunca estão satisfeitos com eles mesmos. Para eles, conquistar mulheres é um elixir de virilidade. São normalmente charmosos, para não dizer "podres de bons", e também muito convencidos do tipo "Armani", transpiram confiança e sensualidade. São metrossexuais, preocupam-se demais com a imagem e o aspecto físico. Como são grandes sedutores, têm igualmente sucesso em várias áreas, normalmente, sobressaem no trabalho, nos esportes, no convívio social e, aparentemente, junto das mulheres. O que acontece? Vivem rodeados de viúvas alegres, viúvas tristes, viúvas senis, viúvas histéricas e futuras viúvas deprimidas, que, no início, nunca temos conhecimento da sua existência. Estes homens são os que dão origem às grandes paixões, típico do gênero "oh, eu o amo muito, mas ele me faz muito mal".

São homens de emoções arrebatadoras, emoções que algumas mulheres adoram sentir de início, mas que mais tarde se revelam decepções horríveis e difíceis de superar. A única utilidade é despertar a nossa libido, mas para uma mulher que deseja uma relação completa, só isso torna-se insuficiente, pois ela precisa também do estímulo cerebral, da intimidade e da estabilidade emocional.

Estes homens estão sempre em desafio permanente e não gostam de perder. Portanto, sempre que a mulher quer se livrar deles, atacam como vampiros, sugando-lhe o sangue e a alma. Estão sempre em conflito, são misteriosamente insatisfeitos, cheios de enigmas e ansiedades. A sensação que transparece é que, apesar de serem bons amantes, atraentes e cordiais, algo de estranho acontece, porque não inspiram confiança; mesmo dormindo com eles, não há cumplicidade, não nos pertencem em nenhum momento.

Na realidade, são seres sem rumo que não pertencem a ninguém, nem a eles mesmos. Não se conhecem e vagueiam pelo mundo desorientados. Pensam que têm de magoar as mulheres para que elas lhes provem constantemente que os amam demais e para se sentirem valorizados e desejados, porque só se sentem seguros dominando uma mulher ou várias. Deste modo, eles constroem uma relação só pelo prazer de destruí-la, são homens que sofreram falta de amor e de dedicação da mãe e foram, normalmente, vítimas da indiferença do pai. Se aparecer um caso destes a você, enterre-o. Você não é psiquiatra (nem que seja), não está nas suas mãos resolver essa perturbação psíquica e ele não vai mudar só porque o ama. Veja esta história real.

> ❝ *O homem perde a cabeça no quarto copo, a mulher perde a cabeça no quarto beijo...* ❞
>
> Ditado popular

Caso real: o falecido

Ana adorava o seu novo amor. Paulo, o homem mais lindo que jamais vira. Ele era o máximo, um brilhante diretor-geral de uma empresa de tecnologia, cheio de *glamour*, dinheiro e sucesso. Um galã que jogava tênis, golfe, futebol e tinha muitos amigos.

Ana namorava outro homem havia seis anos e já estava noiva. Mas foi tão súbito aquele amor que abandonou num instante a vida antiga, deixou o antigo noivo, os antigos sonhos e os antigos amigos. Abandonou tudo. Era tempo de viver só para o amor intenso e verdadeiro.

Ana mudou-se para a casa de Paulo e aí começaram os pequenos sinais, que a princípio, ela ignorou. Ele conhecia a família dela, mas não lhe apresentava a dele. Ele parecia sempre ausente e com muitos afazeres profissionais fora de hora, e começava a ser menos simpático, apontava seus defeitos frequentemente, e fazia sugestões relacionadas à sua maneira de vestir, às suas opções profissionais e amizades.

Ele a criticava bastante. Era exageradamente organizado com a casa, com a ordem de arrumação na despensa — enlatados ficavam na segunda prateleira à direita, logo a seguir dos frascos de picles —, a geladeira era organizada quase por ordem alfabética — o que era um pouco assustador para ela. No entanto, a paixão de Ana avançava... Apesar de ele lhe dizer que as críticas eram construtivas, começavam a incomodar. Ana, pouco a pouco, ia ficando mais atenta, não podia acreditar que às vésperas do casamento ele começasse a depreciá-la. O que mais a afligia era ele ficar calado, circunspecto e distante. Faziam amor e era um êxtase total, mas tudo se desvanecia.

De manhã, saía apressado, mal falava com ela e passava a semana em viagens, chegava tarde a casa e andava estranhamente calado. Um dia, ele viajou para o exterior e Ana, numa das suas limpezas gerais, descobriu uma caixa de arquivo com pastas que continham algo absolutamente revelador.

Ele guardava cartas, fotografias e bilhetes das relações anteriores meticulosamente bem organizados por datas e nomes, como se fossem troféus. Mas a surpresa maior estava no teor das cartas e bilhetes. Ana não queria acreditar quando leu aquilo e viu a sua vida e as suas emoções escancaradas nas cartas escritas por outras mulheres. Eram as mesmas dúvidas, as mesmas desilusões e inseguranças. Era a mesma história sofrida de amor. Até as frases picantes que ele lhe dizia na cama estavam ali, como se fosse a intimidade de Ana revelada. Afinal, ele dizia as mesmas coisas a todas as mulheres.

Ela percebeu que era mais um episódio repetido na vida de Paulo e que a relação deles era programada; caíra numa armadilha emocional. Naquele momento, viu que ele criava continuadamente os mesmos problemas relacionais, que dava um tipo de golpe de amor em que todas caíam e até magoava pela falta de originalidade.

Ana conseguiu estruturar as ideias e, nesse dia, mudou-se com toda a sua bagagem da casa de Paulo. Fez questão de nunca mais vê-lo, sofreu muito, mas o declarou morto e a paixão acabou passando.

Mais tarde, acabou descobrindo que o comportamento dele era recorrente e declaradamente doentio. Mas hoje, ela está feliz porque aprendeu muito com aquela experiência e acabou encontrando o amor verdadeiro.

Ana teve sorte por estar atenta aos sinais e saber recompor-se sem olhar para trás. Essa foi a maior lição. Esteja atenta, quando eles começam a criticar demais e estão sempre insatisfeitos, é melhor analisar o que tem pela frente. Quem ama não critica, aprecia.

Para encontrar o amor não há pressa; ele não pode ser unilateral, são duas vontades que se conjugam e olham na mesma direção, é algo mágico que se sente. As boas notícias são que nós sentimos tudo, o que há de bom para sentir e o que há de mau. Mas pressentimos quando somos amadas com verdade, existe um clique que faz com que um homem a coloque num pedestal; você sabe que esse homem a colocará sempre acima de tudo e isso, sim, é amor verdadeiro. Esse é o momento para se entregar.

SOS: detectando homens casados

Existem várias formas de detectar se um homem enigmático é comprometido, independentemente de onde e como você o conheceu. Veja algumas sugestões.

Comportamentos indicadores de um homem comprometido

Existem sinais de que um homem não está realmente livre. Se você estiver atenta, descobrirá logo nos primeiros encontros essas manifestações. Se as circunstâncias tendem a dificultar-lhe o discernimento, teste de acordo com as sugestões relacionadas às manifestações dos seguintes comportamentos: falta aos compromissos, exposição e presença.

Falta aos compromissos: Marque encontros para horas que normalmente são dedicadas à família. Por exemplo, jantar aos sábados, almoço aos domingos, sexta-feira à noite ou nas tardes de fim de semana. Se ele não aceitar mais de três vezes, não é coincidência, ele é comprometido.

Exposição: Se ele evita estar com você em público, faça a prova; convide-o várias vezes para lhe encontrar em locais bastante frequentados, que um homem comprometido, em princípio, evitaria: na avenida mais frequentada da cidade, na sorveteria do bairro dele, no melhor cinema da cidade, na livraria do shopping, no local mais frequentado da praia e outros locais bem populares e com grande exposição pública.

Presença: Ele arranja sempre muitas desculpas em datas especiais? Está sempre fora nos feriados? Nunca está livre em datas importantes como

Natal, Ano-novo, Páscoa e férias? Em caso afirmativo, é porque ele não é um homem descomprometido. Se ainda tem dúvidas, teste. Marque uma data especial para um programa romântico a dois, com bastante antecedência, e aguarde. Se ele não comparecer, se tiver mil desculpas para dar, já sabe. Se, mesmo assim, você ainda tiver dúvidas, repita e marque outra data e logo verá.

Como vê, é muito fácil detectar um comportamento esquivo e cheio de muitas mentiras. Só cai quem quer. E mais, saiba que o dia dos amantes é segunda-feira. Ele só marca com você às segundas? Mau sinal. Já reparou no que se passa na cidade às segundas-feiras? Quantos carros estacionados com casais ficam à beira-mar, perto dos mirantes, em parques vazios, pela cidade afora? Preste atenção. Os restaurantes também costumam ficar cheios de casais à noite, com jantares românticos à luz de velas. Estereotipando esse tipo de freguesia, dizem que é a noite do empresário e da amante.

Sabe por quê? Porque é fácil convencer a esposa de que há muito trabalho no escritório às segundas-feiras, muitas reuniões e jantares de negócios. E, em geral, elas estão atarefadas no início da semana, com afazeres domésticos e com as questões ligadas aos filhos.

Outro dia em que os homens casados malcomportados costumam sair à noite, mas em grupos masculinos, dando a mesma desculpa às mulheres, é quarta-feira à noite (ou outra noite no meio da semana). É a noite das reuniões até tarde, noite do pôquer ou noite de jantar com clientes importantes vindos de fora. Mas, normalmente, é a noite do *striptease*...

Porém, nem todos os homens são infiéis ou adeptos desse tipo de diversão. Muitos, se estiverem satisfeitos, ficam tranquilos com a família ou com a namorada. Nem todos são explosivos ou descontrolados com os níveis de testosterona, mas é bom saber que homens que têm o hábito de sair à noite sozinhos e gostam de frequentar bares de danças exóticas são péssimos investimentos.

Concluindo, se o seu "consumidor amoroso" é um ser predominantemente sexual, e se não está satisfazendo as suas necessidades sexuais com você, acredite, ele procurará isso sem a sua ajuda, sozinho ou acompanhado.

POSICIONAMENTO E COMUNICAÇÃO DE MARCA

Por que algumas mulheres chamam mais a atenção do que outras? Algumas mulheres parecem especiais e, sempre que entram num local, atraem os olhares na sua direção, porque têm uma imagem que se distingue entre a multidão.

Estas mulheres descobriram o seu tempero, por isso atraem os homens como ímãs. E também tornam-se alvo de comentários de valorização pessoal, porque emanam uma boa energia e muita autoestima.

No *marketing*, denomina-se posicionamento de marca o conjunto de mensagens que transmitimos sobre a ideia de uma marca. No *marketing* da mulher, adequamos esse conceito ao posicionamento da sua imagem pessoal, que diz respeito ao modo como você deseja ser reconhecida pelos outros, à sua postura diante do mundo e à orientação que mantém para si mesma, à maneira como se vê e o que cria para influenciar o modo como os outros a veem.

Na conquista amorosa, a primeira tarefa a ser cumprida é escolher o seu posicionamento diante dos homens como se fosse uma marca, é puro *marketing*. Você deve escolher um posicionamento que seja favorável às suas qualidades pessoais e que ofusque as suas deficiências.

Quer escolha racionalmente um estilo ou uma postura que considere diferenciada e benéfica, quer o faça de maneira instintiva, as outras pessoas vão sempre rotular o seu estilo e o seu posicionamento. Por isso, o melhor é que influencie a sua apreciação para ser mais favorável para si mesma. Crie nos outros a impressão que gostaria que tivessem.

1

Os quatro pês do marketing feminino

Os quatro pês do *marketing* empresarial são uma espécie de fórmula para colocar um produto no mercado. Com o *marketing* feminino surgem quatro novos "pês" que se assumem como ferramentas indispensáveis para que qualquer mulher marqueteira possa se colocar com confiança no mercado da vida e do amor. Os quatros pês do *marketing* feminino são: *procura, personalização, ponderação* e *proveito*.

Procura: À medida que o seu *marketing* atinge alguma maturidade, ganhará mais notoriedade. Você terá muitas oportunidades sociais e profissionais, mais solicitações masculinas e mais oportunidades na sua vida em geral. Nessa fase, deverá procurar o par que a faz mais feliz, de acordo com os atributos que valoriza. Procurar significa selecionar e escolher o homem de que precisa e uma vida cheia de outras vertentes e interesses: seguir a profissão que a satisfaz e escolher os *hobbies* que a deixam mais feliz.

Personalização: Neste mundo cheio de oportunidades, torne-se única e valorize a sua individualidade. A melhor recompensa é atrair alguém que se interesse verdadeiramente pela sua personalidade peculiar sem ter de fazer gênero. Personalize o seu amor, mas personalize também a sua vida, a sua maneira de estar e de andar, os momentos de lazer, o seu estilo de vestir, e o que faz com o seu tempo; esta ousadia dá a você um estilo único e um caráter inconfundível. É o que se chama ter muita personalidade. Personalize a sua imagem e os seus momentos, dedique-se a si mesma.

Ponderação: A vida não precisa ser decidida toda de uma só vez, pense bem nos seus objetivos e no que retira das suas relações. Será que é o que procura? Em caso de dúvida, dê um tempo e pense. Mude de opinião ou de relação sempre que achar que o que tem não lhe serve, seja no amor, na vida profissional ou nas relações sociais. Se o amor se opõe à concretização dos seus sonhos pessoais, pondere, dê prioridade aos seus objetivos pessoais que se complementam, sem eles não se vai amar e muito menos ser feliz. Escolha relações com ambições similares e objetivos comuns. A felicidade é, muitas vezes, a liberdade de escolha.

Proveito: Tire o máximo proveito da vida profissional, da sua experiência de vida e do amor. Se depois de 12 a 18 meses de relação você sentir que o seu interesse está diminuindo, analise o proveito que está obtendo. Só vale a pena continuar uma relação amorosa se perceber claramente que o seu proveito é positivo. Caso não sinta nenhum proveito especial, o melhor é terminar e voltar a procurar, seja no amor, no trabalho ou nas relações em geral. Tirar prazer de tudo o que faz na vida pessoal, familiar e profissional é condição básica para se sentir feliz. Muitas vezes, o importante é tentar aproveitar e dar o melhor porque há conquistas que só chegam com a maturidade. Por mais difícil que pareça hoje, com um distanciamento de dez anos tudo será diferente; às vezes, a ansiedade só é dominada pela compreensão de quem já viveu muito.

Conclusão

A sua vida irá lhe proporcionar momentos em que os acontecimentos favorecem circunstâncias menos positivas. Estes serão momentos de reflexão em que poderá ter de regredir, repensar e recomeçar. Nenhum plano é infalível e você deve ter sempre planos de contingência. Se não funcionar de determinada maneira, deverá passar a outra estratégia, outra visão, mais clara e estimulante. É preciso compreender a vida como uma evolução, em que muitas vezes terá de procurar novos estímulos e novos desafios. Você precisa personalizar a sua vida à medida que se reinventar, terá de ponderar sempre que os contextos se alterarem e precisará analisar continuamente se mantém o proveito da vida que realiza. Nessa trajetória evolutiva, poderá decidir os novos rumos a seguir.

As relações amorosas só lhe servem se a fizerem feliz, se tiver o que necessita para se sentir segura, valorizada e estimulada para uma viagem a dois. No amor, na carreira, nas opções de vida, precisará sempre procurar enriquecer-se mais. Você sentirá necessidade de personalizar a sua vida de acordo com a sua visão, o seu estilo do momento e as convicções da fase em que vive. À medida que evolui, a sua mente fica mais requintada, as suas ideias mudam e as suas necessidades se alteram: é o momento de personalizar tudo de novo. A vida segue o seu curso com toda a agitação e exigências. É bom, é sinal de que está viva e ativa, mas pondere, pondere sempre antes de um novo desafio ou de uma decisão importante. O que foi bom em determinado momento não quer dizer que a faça feliz no futuro. Às vezes, é preciso andar para trás para seguir em frente. Focalize nos seus objetivos. Pense, analise, decida com calma. Você pode ser uma guerreira muito forte, mas a ansiedade mata.

Por fim, tire proveito da vida, de todos os pequenos momentos, de todas as experiências para alcançar os seus objetivos tão sonhados. É uma regra.

2

Estratégia de diferenciação na conquista amorosa: o estilo e a personalidade

O estilo e a personalidade são os carimbos da sua marca pessoal, a sua diferenciação diante de toda a oferta de mulheres disponível no mercado, e que vai fazer com que ele mantenha o interesse em você por muito tempo, ou pelo tempo necessário. Pode durar a vida toda se assim desejar e se conseguir manter o "condimento certo" na sua relação amorosa.

O que tem de diferente e de melhor para que ele dê preferência a você e não às outras mulheres? A resposta é a qualidade do seu estilo diferenciado. Como conseguir ter um estilo com mais valor e único? Faça a sua publicidade e crie opiniões positivas a seu respeito; isso vai ajudá-la a ter mais sucesso no trabalho, nas relações sociais, na família e no amor. Promova os seus interesses de vida e as suas melhores características. Transmita o que é e o que aspira ser através do seu estilo de apresentação e da sua orientação profissional e pessoal. O que você é na realidade é a sua assinatura de marca e irá transmitir uma energia própria que fará transparecer os seus ideais e a sua essência. Ser fiel a si mesma é a sua principal focalização, o resto é evolutivo e adaptável. O resto pode ser simplesmente estratégia.

Do mesmo modo que temos de estudar o mercado para saber quais as qualidades mais valorizados pelo consumidor, para ser atribuído valor ao produto e alcançarmos sucesso nas vendas, também poderá conferir ao seu estilo os atributos que o homem que pretende conquistar valoriza. Basta estudar o estilo dele e fazer a abordagem correta para convencê-lo de que é a melhor mulher que há no mercado. Primeiro, tem de criar empatia para haver uma aproximação inicial. Se está tentando conquistar um "mauricinho intelectual", na primeira noite, não fale da tatuagem que tem no traseiro. Os homens são seres sensíveis e se assustam com pequenos sinais de irreverência. No início da relação, você precisa se revelar uma mulher descontraída e assertiva. Explore a ideia de ser boa companhia, sempre com bom astral; depois que ele experimentar e gostar do que vê e sente, você pode começar a revelar as suas diferenças e a sua personalidade, pouco a pouco. A partir daqui você desenvolve uma estratégia, a sua estratégia de conquista.

Comunicação de marca

Antes de apresentar a sua imagem, você precisa definir o seu posicionamento de marca — com que estilo feminino quer ser reconhecida no mercado. Quem sabe, com um dos os seguintes:

- Intelectual requintada;
- Dona de casa tradicional;
- Profissional liberal moderna;
- *Rock star*;
- Criativa apaixonada;
- Mulher que requer um provedor ou patrocinador;
- Esportista descontraída;
- Sofisticada e com classe;
- Profissional realizada e sonhadora;
- Aventureira destemida;
- *Hippie* chique;
- Ecologista ativa;
- Viajante incansável e curiosa;
- Executiva exigente;
- Arroz de festa;
- Boêmia chique;
- Dedicada à família;

- Amante das filosofias orientais;
- Descontraída, eclética, moderna e *sexy*...

São múltiplos os estilos e orientações que você pode preferir; depende da sua escolha pessoal, dos seus interesses e opções de vida. Apesar de as aparências iludirem quem nos julga, não há conduta nem *dress codes* obrigatórios, siga a linha: "o que me faz sentir *sexy*, elegante e confortável na minha pele".

Mas o que parece ser, o que diz e o que faz determinam quem você é; aqui reside a sua essência. É muito importante não transmitir ideias falsas porque a comunicação da sua imagem irá atrair determinados públicos masculinos. Você precisa ter a certeza de que o que transmite com a sua marca visa alcançar os seus objetivos. Se apenas deseja divertir-se, pode comunicar os atributos errados, é indiferente. Mas quando deseja uma relação mais sólida, é preferível comunicar os atributos que valorizam a sua marca e que são completamente diferentes do senso comum.

Devemos ter consciência da imagem que transmitimos, pois, muitas vezes, usamos estilos de roupa que servem de escudo contra as nossas vulnerabilidades psíquicas e que não têm nada a ver com o que somos interiormente. Desse modo, podemos atrair as atenções dos parceiros amorosos errados e criar uma falsa impressão na sociedade. Muitas vezes, ficamos intrigadas porque atraímos as pessoas erradas e a resposta para isso está na imagem que transmitimos aos outros. Imagine uma adolescente sensível e insegura que opta por ter um estilo *punk* ou gótico, com o intuito de se defender dos outros, criando um certo afastamento e usando a roupa como um escudo protetor que a coloca à margem. Esta jovem pode encontrar parceiros amorosos iguais a ela ou atrair personalidades mais dissimuladas e problemáticas. Mas, na sua essência, esta jovem pode ser sensível e criativa e precisa encontrar pessoas completamente diferentes das que atrai. Por isso, é importante cuidar da apresentação exterior e do estilo de vida, porque você vai ser julgada socialmente por esta opção e pode originar uma boa crítica ou uma crítica prejudicial.

Na procura do amor ou de uma boa oportunidade profissional, a imagem transmite o estado da nossa alma. Para conquistar o sucesso e o amor, você deve transmitir o máximo de alguns destes atributos:

A imagem de que é uma mulher sensual, linda por dentro, tranquila, honesta, confiável, criativa, generosa, responsável, equilibrada, interessante e feminina.

E deve acrescentar um toque pessoal único ao seu estilo e personalidade. Deve acrescentar um pouco de sal e pimenta: apesar de ser "quase perfeita" também pode adorar sexo, embora esteja ainda à espera do homem certo para praticar, porque, no seu caso, ninguém ainda justificou esse investimento.

Se, pelo contrário, você deseja ter uma imagem leviana, basta vestir-se e falar como uma "garota de balada"; use o mínimo de roupa possível e avance com o contato físico. Ele pensará o pior de você. Se quer uma relação descartável, saia vestida com uma minissaia, um grande decote e saltos altos. Se mantiver uma postura provocante e disponível, pode ter a certeza de que todos os homens vão pensar que é uma mulher desejável, mas acessível demais, que quer sexo fácil e descomplicado. Muitos homens vão rastejar até ir para a cama com você, mas quando acordar, muitos já estarão longe, outros talvez esperem por mais, mas dificilmente confiarão em você para uma relação que passe para "outro nível". Não se esqueça de que em matéria de conquista menos é mais, e os bens valiosos custam a ser adquiridos.

Como conquistar um homem para sempre?

Basta acertar em cheio no segmento e mostrar o que ele quer ver e ouvir. Todos os detalhes contam, a imagem física e psicológica é tudo e para sempre é por enquanto. A conquista se repete a cada momento e enquanto durar.

Para acertar em cheio você tem de se preparar e ter sorte. Como em tudo na vida, precisa de 80% de esforço e 20% de sorte. Mas os 80% são de esforço no seu investimento pessoal, invista em si mesma: nos seus *hobbies*, na profissão, nas atividades que lhe despertam interesse, nos estudos e na formação. Esse investimento vai fazer com que as oportunidades apareçam, pois quanto mais evoluir como ser humano mais propostas terá e mais pessoas evoluídas vão querer se relacionar com você. Ser mais do que apenas parecer ser, será o seu melhor trunfo.

As melhores conquistas são feitas quando os atributos que transmite são realmente verdadeiros e intrínsecos à sua maneira de ser, ou seja, correspondem à sua personalidade, porque já os tem ou porque os adotou e desenvolveu. O clique acontece quando encontra alguém que os admira e valoriza, no fundo, que gosta de você como é. E quando o sentimento é recíproco, quando a mulher sente a mesma coisa, ela pensa "Hum! Esse cara parece ser interessante!".

Normalmente, a mulher pode levar mais tempo para se interessar emocionalmente do que o homem. As impressões dos primeiros encontros são mais decisivas para eles; para elas, a confiança e a intimidade somam mais pontos. Mas enquanto isso não acontece, não desista, procure que irá conquistar o amor de que precisa.

Use o senso de humor para alcançar o sucesso e enfrentar as desistências e dificuldades, "sorrir é sempre o melhor remédio" e o tempo apaga muitos fatos dolorosos. Vá em frente e não se faça de vítima nem se culpe. Às vezes, é uma sorte não ter despertado o interesse no homem errado, não ter sido feliz com uma relação que não ia ter um bom futuro. Para toda mulher há um homem, ou vários homens, que poderão fazê-la feliz.

Mantenha-se atenta ao seu comportamento, à sua apresentação, à maneira como fala, se diverte, olha, come, ri. Não se esqueça: olhe dentro dos olhos dele e pense no que lhe transmitem. Tudo é importante para causar aquele clique do amor no lado de lá!

Existem pequenas dicas que você não deve esquecer quando sai com um homem pela primeira vez; adapte-as à sua personalidade e utilize as que podem valorizá-la mais. Nessa procura, desconfie de homens sensíveis demais: poderão sofrer de uma neurose grave ou ter outro tipo de preferência sexual. Não se esqueça de que a primeira impressão conta muito, você tem de fazer com que ele deseje conhecê-la melhor, tem de conseguir que ele se entusiasme 50% com o seu aspecto físico e outros 50% com a sua conversa, para construir uma relação interessante, com possibilidade de muitos encontros futuros. Para um simples e fogoso encontro sexual, o seu aspecto contará 100%, nem precisa abrir a boca. Mas, se não procura apenas isso, retenha algumas características usadas com sucesso por muitas mulheres que não gostam que os homens lhes passem a perna ou que as esqueçam rapidamente.

Invista em si mesma

Invista na sua imagem de marca, no seu ser interior, na qualidade da sua alma.

Mas para um homem morrer de amor por você, acrescente o sal e a pimenta especial: algo de inédito no seu estilo e nas suas aptidões e características pessoais. Pode ser muito abrangente, quem sabe, os seus *hobbies* e passatempos? Se gosta de jogar damas ou de andar a cavalo, de fazer bolos ou de pintar móveis, não esconda esses atributos: eles fazem de você um ser único e especial. Deverá também acrescentar alguns pontos importantes de diferenciação da sua imagem de marca: feminilidade, mistério, indisponibilidade, inacessibilidade e desinteresse.

> *Só amamos o que não possuímos completamente.*"
>
> Marcel Proust

3

Características especiais para que um homem a considere única e preciosa

Existem características para conseguir ter uma imagem de marca diferenciada e para se tornar uma mulher irresistível e interessante. Estas dicas para se tornar inigualável vão ajudá-la a conquistar o interesse de um homem que a valorize como um ser único e de muito valor. São chaves de ouro para diferenciar uma mulher de sucesso.

A feminilidade

Ter feminilidade significa ser uma mulher plena, não querer ser uma mulher masculinizada, nem mais forte nem mais inteligente ou mais independente do que um homem. Aceitar as diferenças e aceitar as necessidades da masculinidade — conquistar a mulher, como o caçador caça a presa.

Mesmo que pense o contrário, nunca lhe diga. Você pode dar de cara com ele nas proximidades do trabalho, passar por ele várias vezes na academia e dirigir-lhe a palavra, mas deixe que pense que foi ele quem deu o primeiro passo. Deixe que ele cumpra a sua herança genética e realize os seus instintos de predador. Deixe-o fazer o primeiro convite e, se demorar, pode sempre dar "uma mãozinha": se aproxime, com jeitinho, e faça uma sugestão inocente como quem não quer nada. Apenas apareça de repente e converse com casualidade. Crie a oportunidade e deixe que aconteça.

Para os homens, coincidências são muito aceitáveis; as mulheres gostam de ver sinais do destino em tudo, mas para eles, as coisas não passam de casualidades. Pode se aproximar dele no supermercado e derrubar as compras em cima dos seus pés, tropeçar no guarda-chuva dele ou sentir uma tontura repentina que a faça se apoiar no seu carro, que ele não desconfiará de nada.

Seja delicada em todos os momentos, agradeça as gentilezas, sorria para ele com toda a doçura, seja simpática e, de repente, despeça-se e vá embora. As mulheres interessantes são ocupadas e misteriosas. Se souber olhá-lo nos olhos com doçura e sorrir com alegria, poderá conquistar o seu interesse nesse momento. Num primeiro encontro, ele pode pedir o seu telefone na hora, se oferecer para acompanhá-la até sua casa ou ajudá-la com as sacolas. Aceite, agradeça e adeus, até logo. Em outra ocasião, retomará a conversa com um café, um lanche ou um suco. Novos encontros, só à luz do dia, para que fique tudo bem visível e sem segundas intenções, pois os programas à noite criam uma atmosfera mais íntima e comprometedora.

Muitas mulheres são muito agressivas no primeiro encontro e nem sempre funciona bem a estratégia "quem desdenha quer comprar". A agressividade não é um dos melhores atributos de diferenciação, apesar de existir quem aprecie o gênero.

Muitos homens preferem uma mulher com mais doçura e mais sutil à mulher muito brusca e agressiva. Mesmo que seja por defesa pessoal, a mulher mais combativa pode ser excluída no primeiro encontro porque transmite uma imagem feminista e intransigente, pode até parecer grosseira e de difícil trato. Se for vaidosa e arrogante, convém refrear o egocentrismo. Ser feminina, simpática, sutil e "adeus, até logo" é xeque-mate, um desafio ao qual o homem não pode resistir.

Chave de ouro: Finja que está sendo conquistada, que é a caça, mesmo que você seja a caçadora!

> A **feminilidade** é não querer parecer diferente do que se é. Se você é vaidosa, deverá usar a vaidade a seu favor, mostrando que é uma mulher que se cuida e que tem uma boa imagem. Se gosta de fazer carícias, faça sempre que tiver vontade, e se gosta de ser protegida mostre que aprecia que alguém tome conta de você. Todas as suas características femininas serão muito apreciadas desde que sejam comunicadas no momento certo e não sejam exacerbadas.

> Os homens gostam de sentir que a mulher é diferente; eles não procuram um outro homem para ter uma relação amorosa. Não gostam de pieguices, tensão pré-menstrual, antipatia, presunção, esoterismo, histerismo, muitos gritinhos e muitos nervos. Os gritos exagerados, a irritabilidade e a hipersensibilidade precisam ser controlados, quando existem, porque são um entrave ao desenvolvimento de uma paixão. Nenhum homem aprecia estas características femininas em exagero.

O mistério

O mistério consegue ser transmitido se você for comedida nas doses do que oferece ao outro. Não conte tudo sobre a sua vida e não diga nada sobre o seu passado afetivo (nunca), problemas graves, fobias e neuroses (de início). Vomitar a sua história de vida com direito a novelas amorosas em que é a protagonista não só é exibicionismo como também não é o mais saudável para a sua futura relação.

É mais interessante não ter o passado revelado e ser experiente sem ter de explicar todos os detalhes; ser intrigante é uma isca maravilhosa para a sedução, não há quem resista. Lembre-se de que a curiosidade matou o gato.

De início, deixe as interrogações no ar. De onde vem? Para onde vai? O que deseja? Quem é? Pareça-lhe feliz e tranquila, sem medo e sem ansiedade. Ouça tudo o que ele lhe diz, sorria, fuja às perguntas inconvenientes e tenha muito senso de humor. Você pode sempre responder: "Não me lembro", "Isso não vem ao caso", "Não gosto de falar sobre o passado", "Para mim só conta o presente".

No entanto, se não conta, também não pergunte nada sobre o passado dele, é regra. Ele vai adorá-la no primeiro instante em que perceber que não se importa com o passado dele, com a má fama, nem com as "ex" que existiram. Ou que, simplesmente, não é intrometida e bisbilhoteira. Descontraia-se e faça este jogo, você verá que funciona. Deixe-o sem saber onde vai a seguir, o que vai fazer no fim de semana. Inicialmente, é essencial fazer um suspense, para que ele fique cheio de curiosidade.

Seja sedutora, mas reservada. Vá dando "uma no cravo, outra na ferradura". Revele-se com o tempo, mas nunca completamente, nem depois de casada. Exija o seu espaço, os seus amigos, as suas atividades sem ele. Ele vai valorizar a sua independência e o fato de ter uma vida além da relação de vocês.

Chave de ouro: Lembre-se sempre de que a vulgaridade é inimiga do mistério.

> O **mistério** é uma poção de magia que embriaga o seu amor eleito. É aquele "je ne sais quoi" que a mulher transmite no jogo da sedução. É despertar todas as perguntas e não dar todas as respostas. Quem é ela? O que deseja? Para onde vai? De onde vem?
>
> O **mistério** é criado e reinventado ao longo da vida, durante os momentos de evolução interior. É como ser uma caixa de surpresas para nós e para os outros. Primeiro, temos de surpreender a nós mesmas para depois encantar os outros à nossa volta.

A indisponibilidade

Por mais estranho que pareça, quanto mais indisponível for para o seu amor mais ele irá amá-la, quer esteja no início de uma relação ou casada há mais de trinta anos. Acredite, os homens só valorizam o que têm de conquistar continuamente, perdem o interesse se a mulher se torna muito disponível. E disponibilidade demais pode originar o divórcio.

Claro que esta indisponibilidade tem de ser moderada e saudável, não pode significar desprezo. Não, de forma alguma. É a indisponibilidade do amor-próprio, porque precisa de um tempo para si mesma e para outras pessoas. Contudo, o tempo que está com o seu amado deverá ser precioso e bem empregado. Aliás, só vale a pena estar com alguém se sentir prazer na sua companhia, caso contrário, é mais feliz sozinha. A liberdade pessoal está acima de tudo e é o princípio básico da felicidade.

Inicialmente, para que o seu amor vingue, não pode estar sempre disponível, tem de ter outros interesses, porque, como diz o povo, "tudo o que é demais não presta". O seu amor, para ter valor, tem de ser conquistado; deverá demorar o tempo suficiente para que ele comece a admirá-la pelas suas qualidades pessoais, além da sua atração sexual. Caso contrário, se você satisfizer de imediato a sua necessidade básica de sexo, ele não terá oportunidade de perceber que você pode lhe satisfazer muitas outras necessidades.

Todavia, também depende do que você procura na vida. Se quiser ter apenas uma relação sexual basta ser provocante e *sexy* e ir na primeira oportunidade para a cama com ele. Mas não peça compromisso a um homem a quem se apresentou como uma mulher que se entrega sexualmente com grande facilidade, porque ele vai achar que você faz isso com vários homens.

Se pretende uma relação duradoura, não se precipite. Veja estes exemplos do que não deve fazer: ir ao encontro de um homem no meio da noite depois de um convite repentino, sair de uma boate no final da noite com um homem que acabou de conhecer ou aceitar um convite de última hora no sábado à noite. Jamais! Estas solicitações tardias indicam que você é uma segunda ou terceira escolha, não está sendo levada muito a sério. Se ele liga muito tarde, é porque não lembrou de você antes, além disso, convites fora de horas são sinônimo de falta de consideração. Diga a ele que já está ocupada ou que está assistindo a um filme em casa com uns amigos, que está no teatro ou em qualquer lugar que ele não possa aparecer, porque não foi combinado e o que interessa é que a valorizem e que a coloquem em primeiro lugar. No próximo convite, ele terá mais consideração por você e se não ligar mais, é porque estava interessado apenas em sexo fácil. Acontece!

Falo de indisponibilidade espiritual e física, porque, se estiver sempre presente, como é que alguém terá oportunidade de sentir saudades de você? A indisponibilidade, neste sentido, é sinônimo de respeito por si mesma e pelo outro. Dela deriva a compreensão mútua, a valorização e o desejo do outro, sentimentos dos quais não tomamos consciência se tivermos o outro em doses exageradas. É natural e não faz mal algum, apenas temos de aprender a esperar pelo momento em que ambos estão disponíveis um para o outro, pois é nesse momento que "o amor acontece e se repete...".

De início, terá de fazer com que ele corra atrás de você, convidando-a várias vezes para sair, sem sucesso. Deixe-o à espera dos seus telefonemas e mostre que tem outros planos para aquele dia; você pode deixá-lo em "banho-maria" por uns dois meses.

Manter-se indisponível irá despertar nele o seu instinto de predador; ele vai querer se sentir poderoso por conquistá-la e arrebatá-la, não lhe tire esse prazer. Essa é a missão da sua masculinidade.

Você é preciosa, nunca se esqueça. Por isso, o seu par tem de querer conquistá-la sempre, para ganhar o seu tempo e a sua preferência.

Chave de ouro: A qualidade satisfaz muito mais do que a quantidade...

> A **indisponibilidade** no início da conquista é uma boa maneira de despertar o interesse no outro e de estabelecer limites à usurpação de espaço e tempo. Durante a relação, é essencial que possa estar indisponível espiritual e fisicamente, porque é sinônimo de respeito. Nem sempre dá, é preciso saber esperar.

A inacessibilidade

A inacessibilidade não é não ter tempo para o outro, pelo contrário, é conceder ao tempo qualidade e, com isso, conferir mais valor e significado aos atos compartilhados com o outro. A inacessibilidade, nesta perspectiva, é criar os momentos do "eu", do "outro" e dos "dois". Estes tempos distintos são momentos essenciais para o amor fluir com interesse, liberdade e confiança.

Você pode amar intensamente, mas deve tomar uma espécie de pílula de autocontrole e de bom senso. É preciso que você tenha tempo para o seu autoconhecimento, deve poder desenvolver os projetos que a levarão à sua evolução e à sua realização pessoal. Para se conhecer e aproveitar a vida não pode estar sempre acessível para os outros nem se dedicar exclusivamente ao amor, tem de estabelecer os seus limites e prioridades no tempo e no momento, e até no amor.

Para manter o amor vivo numa relação durante anos, é preciso dar e receber, embora às vezes alternadamente e em medidas diferentes para conseguir viver muito tempo em comunhão, com sanidade e equilíbrio. Só vale a pena conquistar um amor que nos sirva e nos faça feliz.

Não é compensador conquistar o outro a qualquer custo para, mais tarde, sofrermos. Muitas mulheres adoram conquistar homens do tipo "bad boy", com personalidade difícil — elas se sentem excitadas com o desafio. Mas estes homens, no futuro, transformam-se em verdadeiros carrascos que deixam marcas dolorosas.

Se você sente que não consegue estabelecer os limites na sua relação, é porque não tem controle sobre ela mas, no momento em que tem consciência do que está lhe acontecendo, tem de parar para decidir o que fazer para inverter a situação.

Chave de ouro: Dê tempo ao tempo para ser amada e respeitada.

> A **inacessibilidade** é amar com peso e medida e exigir do outro o mesmo tipo de amor. Um amor confiante, livre, adulto, seguro e nada sufocante. Um amor que tem de ser conquistado e reinventando a cada momento e para o resto da vida. É o amor que vale a pena viver. Não acha?

O desinteresse

Mais uma vez parece uma contradição, mas não é. Se você quer ser valorizada e desejada tem de criar uma ilusão permanente na cabeça do homem de que ele pode perdê-la a qualquer momento, de que existem outras oportunidades de ser feliz sem ele e, quem sabe, até com outros amores. Mas atenção, não se trata de provocar ciúmes exagerados; isso é de má índole. Tem de ser criativa, fazer parecer que existe algo, mas sem haver nada. Basta andar sempre bem cuidada e feliz que despertará o interesse de muitas outras pessoas. É claro que essa atitude de valorização pessoal é indispensável para a sua autoestima e para a dele também.

No entanto, o desinteresse é apenas aparente, momentâneo e sutil, mas muito incisivo. Você só deverá usá-lo de vez em quando, se sentir que a outra parte está menos entusiasmada ou tentando impor demais as suas prioridades. Uma vez ou outra, você tem de lhe dizer nas entrelinhas, indireta e gentilmente: "Olha aqui, preste atenção, você não é um deus grego nem o centro do universo! Nesse momento, eu preciso receber sua atenção e saiba que existem outros seres no mundo além de você!"

Mas é preciso bom senso, até porque, se você não tivesse interesse nele, não o escolheria para seu par. Esse desinteresse surge mais na questão do convívio do casal, é relativo aos gostos dele, ao tempo de lazer, às prioridades e aos hábitos de vida.

Se existir uma boa comunicação, haverá equilíbrio na disposição do tempo e das prioridades, porque um pode ir ao shopping e o outro pode ir ao futebol, a mulher pode ir para a academia enquanto o homem brinca com as crianças no parque. Ou ele pode preferir jogar tênis enquanto você vai ao teatro. Cada um faz o que quer e gosta, respeitando a liberdade do outro, tendo em vista o reencontro sem pressão e excluindo o sentido de obrigação, algo que é fatal para a vitalidade do amor. Quanto mais séria é a relação ou o casamento, mais necessita de balões de oxigênio para a expressão pessoal e para a liberdade feminina. As pessoas se casam, não se prendem, o que é bem diferente e muito opressivo.

Não há nada pior do que levar o outro atrelado para um lugar que não aprecia e onde nem é desejado, e o pior, é se essa pessoa é você. Entre amigas, quando uma de nós tinha um namorado muito "grudento", normalmente, o batizávamos logo de "chiclete", porque não desgrudava, e quando uma dessas sortudas aparecia nos programas só de mulheres sem o seu "namorado gêmeo", ouvia constantemente: "Então, e o seu apêndice, não veio?" ou "E a sua sombra, ficou em casa?". Você deseja ser apelidada de algo do gênero? Olhe que os homens também têm os seus códigos. Deixe-o à vontade com os amigos e não dê muita importância ao tempo em que não estão juntos, desde que você também esteja se divertindo, e vocês não estejam permanentemente desinteressados um do outro. Se isso acontecer, é tempo de avaliar e, se for caso, é melhor partirem para algo definitivo.

Conheça estas formas conciliadoras: "Hoje, vamos ver o filme que escolhi, na próxima, você escolhe, pode ser?", "Combinamos um programa que interesse aos dois" ou "Não estou com vontade de ir ao futebol, enquanto isso, aproveito e vou visitar uma amiga". É possível aplicar estas situações na sua relação? De vez em quando, talvez devesse fazer isso ou, quando a sua vontade não é respeitada regularmente, fazer algo do tipo "não estou nem aí". Por exemplo, ele vai ao futebol com os amigos e você vai à praia e, surpresa das surpresas, aproveita e vai jantar em um restaurante. Tudo com naturalidade e sem estresse *stress*.

Não há nada melhor do que usufruir de umas horas de liberdade e regressar para os braços do nosso amado; é saudável e revitalizante para ambos. Funciona pelo caráter insaciável da natureza humana de querer sempre mais, de necessitar de estímulos contínuos para evoluir, de desafiar as emoções e, sobretudo, para despertar novamente a necessidade de conquista.

No fundo, o desinteresse serve para manter o interesse. O desinteresse não significa desprezo nem falta de entrega no amor, é apenas uma atitude de emancipação e de segurança na vida, que nos deve acompanhar até morrer. Na verdade, a felicidade está dentro de nós, só nós podemos encontrar as armas para lutar e para continuar a conquistar a vida, e só nós sabemos como realizar os nossos sonhos, porque somos nós que os sonhamos.

Não devemos colocar nos outros a responsabilidade de nos realizarem e resolverem os nossos problemas, nem o contrário deve acontecer, porque não dá resultado e pode ser decepcionante. Manter um aparente desinteresse é manter sempre o interesse por si mesma.

Chave de ouro: Indispensável? Nem tanto.

> O **desinteresse** é mais um princípio paradoxal do amor, quanto mais amamos mais devemos mostrar que amamos, mas não morremos de interesse. É quase como obrigar o outro a nos enaltecer, deixando-o achar que temos muitas outras opções e interesses.

Estas são algumas indicações essenciais que você pode adotar como fatores de diferenciação na sua vida, mas não existem verdades absolutas. Adote o que mais combina com a sua personalidade e até crie os seus próprios fatores de diferenciação.

Estas dicas de conquista funcionaram com muitas mulheres e são bons pontos de análise para definir o seu valor acrescentado, que faz de você uma mulher única e preciosa. Experimente os que lhe agradam mais ou você pode partir destes exemplos para formular as características pessoais de diferenciação que lhe conferem estilo e confiança. Mas não se esqueça de se valorizar sempre ao longo da vida e sempre que pareça existir uma crise.

Não se esqueça de que o mais emocionante emerge na fase da conquista e do namoro. E quando a relação funciona bem e está motivada, passa para o nível seguinte. Se na fase do namoro as coisas não funcionarem como deseja, não vão funcionar a seguir, por isso, não passe para o nível seguinte, não assuma compromissos que não vão resultar poitivamente. Se sente algum tipo de desconforto é porque provavelmente algo não está funcionando bem, não invista em relações que a deixam desconfortável.

Depois de falarmos sobre este conjunto de fatores-chave para determinar a sua diferenciação e encontrar a sua singularidade, vamos falar de algo verdadeiramente especial, algo completamente irresistível para os homens e para as mulheres. O elixir da tensão sexual e da atração física e emocional, a característica mais sensual que existe no mundo: a AUTOCONFIANÇA!

Uma mulher com confiança em si mesma, no seu corpo e nas suas capacidades é uma atração fatal. Pense nos homens autoconfiantes que você conhece, não acha que são irresistíveis? Eles contêm um brilho especial, não é? As mulheres autoconfiantes também emanam essa energia atrativa.

Mas não confunda confiança com "ar de superioridade", que é algo que assusta os homens, pois não os deixa cumprir a sua missão ancestral de predadores e cuidadores do núcleo familiar. Ter confiança é, sobretudo, sentir-se bem com você mesma.

4

Os SMS miraculosos que o farão cair nos seus braços

Podemos exprimir os nossos sentimentos de muitas maneiras, mas nada melhor do que escrever o que sentimos, pois é mais forte e eterno. As palavras escritas têm uma força brutal, porque as sentimos como algo eterno e verdadeiro. Está escrito. É o verdadeiro poder irrefutável das palavras, é quase tão poderoso como a ideia de existir um destino. Os árabes usam uma expressão muito forte para descrever esta ideia: *Maktub*, que significa "Já estava escrito!". Os homens também precisam de provas de amor fortes e corajosas, palavras emocionadas e apaixonadas. Afinal, quem não gosta? E quem não se rende a um amor forte e persistente? Alguns loucos ainda resistem, mas muito poucos.

Veja, a seguir, algumas dicas de aliciação amorosa. Mas é preciso aplicar o seu *marketing* pessoal de uma forma global, de dentro para fora, ou seja, do espiritual para o relacional, porque no amor não basta atrair, é preciso também manter o seu parceiro entretido e satisfeito.

Vamos imaginar o que você pode fazer de imediato para melhorar a sua situação amorosa, se já existir, ou se existir algum potencial amoroso. Com aquele objeto místico imprescindível — que é o seu celular —, eu criei algumas simulações em que, com um simples sms, você poderá obter uma resposta muito positiva e imediata.

Utilizando a tecnologia de comunicação vigente, poucas palavras podem fazer muito por você. Não há como escrever muito num sms, mas você pode dizer o suficiente para que ele venha na sua direção, à velocidade de uma bala. São sms miraculosos que o farão correr para os seus braços, sem ter de implorar, mesmo que você tenha se comportado muito mal com ele (mal demais não vale a pena, porque é irrecuperável).

Imagine que você queira fazer as pazes depois de uma briga ou quer que ele a procure

Opção "Volte esta noite":

a) Sei que temos algo muito especial. Sinto que o importante é o agora. Não me importo com o que os outros dizem ou pensam. O que vale é aquele momento só nosso, em que nos tornamos um só corpo. O meu desejo é só seu!

b) Acho que não soube lhe dizer quanto a nossa história foi mágica. Espero um dia voltar a sentir esta chama que me enlouquece de desejo.

c) Olá! Só queria dizer que todos os instantes que tivemos foram muito especiais. Eu me senti verdadeiramente mulher. Estou muito feliz e grata. Obrigada por tudo e boa sorte.

d) Você é um ser muito especial e terrivelmente *sexy*. Eu enlouqueci de desejo. Só queria ter aproveitado mais. Beijos.

e) Quem me dera ter aproveitado mais. Ainda sinto você em mim. Beijos.

f) Meu bem, vou sonhar sempre que você está aqui, coladinho em mim. Foi muito bom. Obrigada.

g) Você foi a coisa mais especial que podia ter me acontecido. Não me arrependo de nada, só do que não fizemos. Um longo beijo.

h) Só você me faz sentir prazer e desejo. Foi desejo demais. Valeu... Obrigada.

i) Sei que não fui legal. *Sorry*. Mas valeu a pena cada minuto em que nos amamos. Cada vez que senti prazer foi demais.

j) Lamento ter acabado sem dizer quanto valeu a pena para mim. Continue sempre assim, você foi perfeito, muito querido. Um abraço forte.

k) Valeu a pena tudo, você é muito especial. Foi muito bom. Vou ter saudades dos nossos momentos. Um beijo.

l) Desculpe, errei. Você não merecia. Você é um homem fantástico! Foi muito bom enquanto durou. Quem me dera ter lhe dado mais...

m) Sei que não devia, mas vou dizer: você é um ser encantador, fui feliz enquanto durou e só isso me importa. Saudades do seu cheiro.

n) Não sei como perdi o controle. Acho que fiquei louca de desejo. Foi tão gostoso. Valeu cada minuto.

o) Estou arrependida de ter lhe magoado e de não ter demonstrado todo o desejo que senti por você. Quero que se lembre de mim com carinho, porque sempre vou pensar em você como um homem extraordinário. Foi muito bom.

p) Meu bem, só tenho coisas boas que me recordam como você é especial. Obrigada por ter existido na minha vida. Você é demais.

q) Errei e vou sofrer por não ter vivido todo o meu desejo com você. Foi gostoso demais. Um beijo.

r) Ainda sinto o seu cheiro, você é o homem mais sensual que já vi. Acho que me assustei. Adorei cada momento. Obrigada e até sempre...

s) Foi muito especial e intenso. Desejo a você tudo de bom por ter me provocado sensações que nem sabia que existiam. Você é único...

t) Como é bom lembrar daqueles momentos em que nos entregamos. Nunca senti nada parecido. Obrigada por tudo de bom que você me deu. Não esquecerei nunca.

u) Mais do que um amigo, você é um ser especial a quem devo muitos momentos incríveis. Vou guardar sempre um lugar especial para você no meu coração.

v) Se o arrependimento matasse, estaríamos agora mortos, exaustos de tanto prazer. Desculpe-me pelo que aconteceu, vou me lembrar sempre das coisas boas que você me deu. Um beijo.

w) Quem me dera ter adivinhado que aquela noite seria a última, teria lhe dado tudo, tudo mesmo...

Então, já enviou a mensagem? Tem alguém tocando a campainha? Retomamos enquanto ele não chega.

Estas mensagens irão funcionar porque cheiram a sexo, falam de sexo e são "tiro e queda" para quem se zangou e quer recuperar o outro depressa. Elas contêm a promessa de mais sexo sem compromisso e, para um homem, esta é uma promessa irresistível. Mas, por outro lado, elas não a comprometem, caso ele apareça e você não cumpra a promessa implícita.

Qualquer mensagem indicando que já não está zangada, que não vai gritar com ele e que ainda há possibilidade de sexo sem ter de voltar no dia seguinte funciona maravilhosamente, porque um homem não resiste a um elogio e a uma possibilidade de sexo escaldante com alguém que, ainda por cima, parece perdidamente apaixonada.

Se você deseja que ele a procure depressa. Há outras possibilidades, para quem não brigou com o seu par, mas quer apimentar a relação e fazê-lo correr para os seus braços.

Opção "Agora ou nunca":
- a) Estou pegando fogo! Espero por você...
- b) Você é tão *sexy* que me deixa insaciável. Às 21h, em minha casa?
- c) Só você sabe como me fazer arder em brasa.
- d) Quer experimentar em pé, garanhão?
- e) Hoje estou tentada a experimentar coisas novas, e você?
- f) Estou num dia "G". Quer arriscar e vir aqui?
- g) Meu Deus, não aguento de saudades, vem depressa!
- h) Estou carente, você vem?
- i) Vem matar o meu desejo, agora.
- j) Toma um beijo de língua, vem que eu lhe dou mais...
- k) Só você me satisfaz, p.f. não demore...
- l) Estou louca de tesão só de pensar em você.
- m) Nunca vi um corpo tão *sexy* como o seu, vou morder você inteirinho.
- n) Você me deixa com água na boca... Às 21h?
- o) Desisto, o desejo é forte demais, na minha casa ou na sua?

p) Estou à sua espera do jeito que você mais gosta, vem correndo.
q) Hoje me sinto especialmente atrevida, querido.
r) Vem, amor, tenho uma surpresa que você vai adorar.
s) Sabe, descobri uma parte do meu corpo que você ainda não conhece.
t) Estou no chão à sua espera!
u) Estou louca para tocar em você, pode ser hoje?
v) Como é bom fechar os olhos e imaginar você aqui, sussurrando coisas em meu ouvido, que saudades...
w) Você é um pedaço de mau caminho e eu quero mais, muito mais, prepare-se, às 23h, no lugar de sempre.
x) Da próxima vez eu não o deixo sair... Não demore!

Estas opções são tão atrevidas e o apelo sexual é tão intensamente explícito, que acho que ele só não vem se estiver amarrado a uma cama. Não há nada que um homem goste mais do que se sentir um objeto de desejo sexual, que uma mulher lhe diga quanto é viril e indispensável para o prazer dela. Sempre que quiser provocar momentos especiais ou fazê-lo vir correndo, basta apelar nesse sentido.

Com tanto atrevimento será difícil ele não aceitar o desafio. Mas pode ser muito frustrante para ele se você vacilar na hora H, então, só use destes artifícios quando realmente quiser desfrutar esses momentos.

Caso tenha cometido um erro e queira pedir desculpas ao seu "mais-que-tudo".

Opção "Ops! Enfiei o pé na lama!":

a) Errei, fui infantil. Você é o meu amor, o homem mais especial do mundo. Desculpe-me, farei tudo para compensá-lo. Eu te adoro.
b) Sei que não adianta pedir desculpas, mas errei. Estou muito triste com o que fiz, me perdoe, não voltará a acontecer. Você é precioso demais para ser magoado.
c) Perdoe esta sua amada tão tola. Eu só quero lhe cobrir de beijos e lhe pedir para esquecer o que aconteceu. Não voltará a se repetir. Por favor, vem me dar um beijo apaixonado. Eu te amo.

d) Eu me descontrolei, foi sem intenção, queria que me perdoasse, porque fico muito infeliz quando não estamos bem. Quero passar uma esponja por cima disso e cobrir você de carinhos.

e) Amor, me desculpe. Prometo que nunca mais cometo um erro assim. Foi uma situação descontrolada, percebi quanto errei. Sei que fui injusta. Você é tão bom e tão lindo, preciso de você para ser feliz. Te amo muito.

f) Fui injusta, estou envergonhada. Nem sei como fui capaz de magoar o homem mais espetacular que já conheci. Você é tão importante para mim que só quero recompensá-lo por tudo. Estou com muitas saudades de lhe abraçar.

g) Vem me abraçar e me deixar pedir perdão. Eu te amo mais do que tudo na vida.

h) Não existem palavras para dizer quanto te amo e quanto me arrependo por tudo. Só me dê mais uma chance de fazê-lo feliz.

i) Nunca disse a você quanto me orgulho de ser sua companheira. E quanto o amo e desejo. Prometo mudar. Quero muito fazer você feliz. Eu te amo até o infinito.

j) Desculpe-me pelo péssimo comportamento. Só quero o seu perdão e o seu amor. Estou com muitas saudades de lhe dar carinho.

k) Agora sei que você tinha razão. Lamento muito ter me descontrolado. Só quero lhe abraçar e dizer quanto o amo e quanto lamento ter lhe magoado.

Se a culpa é sua, assuma e peça desculpas, o orgulho é um sentimento péssimo, livre-se disso. Você precisa fazê-lo acreditar que isso não vai voltar a acontecer; se vai ou não, ninguém sabe. Mas ele precisa ter essa esperança, por isso, você pode até fazer promessas.

Para que ele a perdoe, mostre-se arrependida e insista que não falará mais no assunto: eles dispensam discussões. Deixe bem claro que já passou e que você quer recompensá-lo. Diga quanto o admira e que está com muita vontade de fazer sexo com ele. Ele perdoará depressa. É muito simples fazer um homem feliz. Já uma mulher, como você sabe, é bem mais complicado.

E se apenas desejar fazê-lo feliz? Sim, fazer alguém feliz é uma experiência muito reconfortante, que nos dá sempre um retorno positivo.

Opção "Baba baby":

a) Eu te adoro, você é a melhor pessoa que conheço. Beijo.
b) Você é o homem mais *sexy* que já conheci. Tudo de bom.
c) Meu bem, estou com muitas saudades de ouvir sua linda voz e de sentir o calor dos seus braços.
d) Você é tudo o que sonhei de bom. Eu te adoro.
e) Vem, que eu quero te amar muito, você é fabuloso.
f) Nunca pensei em encontrar alguém tão inteligente, sensual e lindo. Beijo.
g) Amor, acho você o homem mais incrível da face da terra. Você é muito querido. Beijinhos.

Se você deseja fazer o seu parceiro feliz, envie um sms dizendo quanto ele é especial, inteligente e lindo. Mesmo que ele se ache feio, acreditará que é lindo só porque você disse, e as suas palavras têm muita força.

Os elogios e expressões de admiração devem ser feitos durante a maturidade de uma relação. Qualquer homem se apaixona por uma mulher que o admire e lhe dê valor. Eles gostam de se sentir viris, admirados e amados. Têm tanta necessidade de elogios, mimos e carinhos quanto as mulheres.

No entanto, não suportam que as suas companheiras estejam sempre exigindo e cobrando e, muitas vezes, as traem por fazê-los se sentir infelizes e pouco desejados. Se der muito carinho e amor ao seu par, se tiverem um bom relacionamento sexual e ainda conseguir que ele se sinta admirado, sensual e desejado, terá um homem apaixonado e dedicado! Mesmo que você lhe faça cobranças e exigências, ele não se importará com isso, muito pelo contrário, irá ceder e dar o que você necessita ou exige. Se um homem ama uma mulher que o preenche sexual e mentalmente, faz tudo por ela. Um homem, para ser feliz, necessita se sentir desejado, sexualmente satisfeito e muito admirado pela sua mulher e pela sua família.

Os celulares e a internet são excelentes formas de comunicação, porque nos permitem exprimir sentimentos de uma maneira mais fácil e menos exigente na parte emocional. Isso ajuda muito os mais introvertidos ou menos audazes. Não precisamos sempre ficar cara a cara e falar olhos nos olhos, pois isso é mais difícil. Basta exprimir o que sentimos pelas palavras escritas e pela força do nosso pensamento, impressos naquelas curtas mensagens.

Podemos enviar só uma foto sorrindo ou mandar um beijo e conseguimos transmitir uma emoção fortíssima. Uma esposa, por exemplo, pode enviar ao seu marido que está a trabalho no exterior uma foto sua e dos filhos e apenas escrever: "Muitas saudades". Para esse pai, será muito reconfortante ver a imagem da família enquanto está longe, carente do seu carinho.

As novas tecnologias nos permitem estar sempre conectados com os nossos interesses, sempre em comunicação, e isso é parte do que precisamos para viver com prazer nessa nova era tecnológica. São também excelentes maneiras de dizer a uma pessoa que a amamos, que não nos esquecemos dela e que é especial para nós, em tempo real.

Os sms miraculosos são algumas ideias do que você deve transmitir quando deseja cativar alguém, mostrar admiração, respeito e carinho. Dizer ao outro quanto precisa dele para ser feliz é uma forma de vulnerabilidade que derrete qualquer coração. Afinal, essa confissão é tudo o que queremos ouvir quando amamos alguém. É também sinônimo de confiança e de entrega e estes sentimentos devem ser revelados quando a relação evolui e amadurece e você se considera pronta para seguir para o nível seguinte: o do compromisso.

FIDELIZAÇÃO: DESFRUTAR A RELAÇÃO

Depois de conquistar vem a arte de fazer o amor durar, de fidelizar o homem que amamos à vida que usufruímos em conjunto. Desfrutar o que conquistamos sem pressa, sem medo e sem perder o mistério feminino. Desfrutar a relação com entrega, com confiança, sem ciúme e em paz, por nós e pelo outro. Quanto mais o tempo passa, melhor é a intimidade que se alcança, mais intensidade se atinge e mais se constrói em conjunto. Todos sabemos como pode ser fácil conquistar, mesmo que seja só por um minuto, num olhar, por uma noite... Mas, ir além desse momento errante é mais complexo. Exige mais jogo de cintura, mais determinação e capacidade de entusiasmar o outro.

1

Fidelizar o seu consumidor-homem

No momento crucial em que se alcança o amor começa outra viagem: a aventura da reconquista permanente, o que no *marketing* convencional se chama fidelização. É a maneira de manter o cliente fiel, para que não troque o seu produto por outra marca da concorrência. Na sua relação amorosa, este conceito também existe, a fidelização é importantíssima no amor porque vai lhe dar substância e continuidade.

Fidelizar o seu consumidor-homem, ou seja, o seu parceiro amoroso, é mantê-lo interessado em você ao longo das várias fases da vida. É preciso saber despertar as emoções positivas quando a relação esfria e despertar o desejo ao longo do tempo. Você deverá ser, sempre, a sua companhia preferida.

Para ser a preferida sempre, você tem de conhecer muito bem e satisfazer permanentemente o seu cliente amoroso. Será necessário investigar e estudar as suas preferências. Você deverá criar estímulos para que ele se mantenha satisfeito e motivado com o seu amor ao longo dos anos e levar em consideração as suas reclamações. Não basta ouvir, tem de responder de maneira construtiva à reclamação do seu cliente, reinventando-se, melhorando a sua personalidade, mantendo-se sensual e interessada pela sua vida.

Enquanto mulher e companheira, precisa realizar-se pessoalmente para poder dar ao seu parceiro o carinho genuíno de que ele necessita para se sentir amado. Você deve revelar-se e fazer alguns *upgrades* no seu estilo e personalidade, satisfazendo sempre o máximo possível as necessidades do seu "consumidor amoroso" e sem negligenciar nenhuma que esteja ao seu alcance, ou está arriscada a perdê-lo para outra concorrente mais habilidosa. Como sabe, os consumidores não são muito fiéis quando estão insatisfeitos, andam sempre à procura de promoções e de novidades.

Enquanto a mulher constrói a sua família, deve cuidar de si mesma com a mesma preocupação que tem ao cuidar dos seus filhos e nunca deve esquecer o seu parceiro — ele também necessita de atenção, de ser estimulado e de se sentir amado, independentemente do número de filhos que tenha. É preciso preservar os momentos de intimidade e de cumplicidade a dois, por isso, não faça do seu marido um "sapato velho", porque a família é construída a dois, com concessões permanentes de ambas as partes. Haverá momentos em que ele irá mimá-la e você será o centro das atenções e vice-versa. Um homem insatisfeito é um homem infiel, uma mulher insatisfeita é uma mulher deprimida. Cuide de si mesma e promova o estímulo visual do seu parceiro o mais que puder. Mulheres casadas e com filhos são quase sempre sobrecarregadas, andam cansadas, esgotadas, sem tempo e sem energia para nada. Nessa fase, ponha o seu melhor sorriso, tome um suplemento energético, focalize nas suas necessidades e faça o melhor que puder, mas faça alguma coisa.

A vida nem sempre é fácil e você precisará de muita ajuda e apoio na fase da maternidade; a essa altura, tem de ser exigente e partilhar as tarefas com o seu parceiro, porque é uma fase delicada para a mulher, em especial, nos primeiros anos de vida dos filhos. Normalmente, é quando se descobrem os piores maridos, os mais machões e ciumentos. É também nessa fase que, muitas vezes, o amor acaba, porque é extenuante ser mãe quando não se tem ajuda. Procure a ajuda da sua família, das babás, das amigas e das creches. É importante conciliar as suas obrigações e tarefas com os momentos mais lúdicos. Resguarde-se e não se esgote, peça ajuda. Motive o seu marido para a vida familiar, faça programas em família, crie rituais especiais como, por exemplo, um passeio ao ar livre nos domingos, na quinta-feira as crianças preparam o jantar, sábado é dia de experimentar um restaurante novo e de conversar sobre o que aconteceu durante a semana, e na sexta-feira é a noite do cinema em casa. Nas férias vão conhecer lugares novos e no verão é tempo de praia. Existem muitas opções possíveis para estimular a criação de laços familiares fortes e não há nada melhor do que se divertirem em família. Faça da sua relação um projeto de vida original, com uma família saudável e feliz.

Se acha que ele é valioso, vale a pena investir num "consumidor fidelizado".

A reconquista permanente

Tudo se aprende nesta vida, todas as mulheres podem despertar novas emoções amorosas ao longo da vida se estiverem disponíveis para novas experiências. Basta alterar determinados comportamentos e saber aproveitar a vida com pulso firme para manter a motivação necessária.

Depois de criar a oportunidade, ocorre a consumação do encontro amoroso, e é nessa fase que o desejo deve ser despertado. Agora que estamos juntos, o que fazemos? Vocês precisam continuar a namorar pela vida afora. Mas, para conseguir uma boa relação amorosa, tem de conservar o desejo sempre aceso — o dele e o seu — para que a relação se mantenha compensadora e feliz. Contudo, nem sempre é fácil, o estresse e o desgaste emocional corroem os sentimentos e os problemas podem ser devastadores. Precisamos nos motivar e reconquistar. Veja algumas sugestões para estimular e reabilitar as relações amorosas.

Produza uma boa imagem de marca

Existem fases na vida da mulher que requerem mudanças físicas e psicológicas. É necessário mudar de estilo, de hábitos e até mesmo de atributos. É tempo de refinar o seu estilo e personalidade e de promover novos atributos. Talvez não tenha mais os peitos tão arrebitados, mas, em compensação, está mais sensual. Mude a sua imagem de acordo com o momento que vive, não fique vinculada à imagem que tinha aos 20 ou aos 30, evolua. É muito importante que você se reinvente ao longo dos anos, aos 30, 40, 50 e assim por diante, fazendo uma espécie de relançamento da sua marca. Trate da sua boa forma física, da sua saúde, da sua beleza e do seu guarda-roupa. Cuide da sua tranquilidade espiritual e alimente o bom humor. Seja uma pessoa sociável e de bem com a vida. Comunique-se com os amigos e os colegas, crie novos focos de interesse, socialize-se e saia para se divertir em diferentes ambientes. Evoluir é viver e você poderá aprender sempre mais se souber controlar a sua ansiedade e se não tiver medo de mudar e descobrir experiências novas.

Mantenha o cliente fiel

As relações amorosas são como árvores que precisam ser regadas para continuarem a crescer e a florir. Mas, para a sua subsistência, contam também com a força das suas raízes, e a maneira como foram cuidadas e regadas ao longo do seu crescimento. Nada permanece eterno e nada é completamente perfeito. Sabemos que todas as relações têm altos e baixos, como o temperamento das pessoas. Por isso, existe uma necessidade permanente de mudanças, de concessões, compreensão e de comunicação. Viver a dois é uma atividade difícil e exigente, que pode ser bastante cansativa, mas também muito reconfortante. Para que a sua relação seja feliz, ela precisa ser baseada na confiança, na comunicação, no desejo e na cumplicidade. Tenha paciência e saiba transformar as crises em oportunidades de melhoria em conjunto.

A melhor maneira de manter o seu cliente interessado é valorizar ao máximo o seu produto. Tirar o máximo das suas capacidades e concretizações e nunca colocar a sua felicidade, o seu bem-estar ou as suas expectativas nas mãos do seu parceiro amoroso. É um dever seu. Clientes completamente fiéis são raríssimos, aliás, espécies em extinção.

Somente compartilhando uma vida a dois feliz, em evolução conjunta enquanto casal, será possível constituir uma família saudável, com objetivos em comum, e que procura os mesmos princípios de vida.

Superar momentos críticos

Para reter o amor de um homem, é preciso que ele se sinta seguro, amado, desejado e admirado. Se depois de se casar ou de namorar há algum tempo você deixar de lhe transmitir esses sentimentos, o amor começará a murchar.

Muitos homens traem suas mulheres porque procuram nas outras a sensação de que são *sexy* e desejados, pois necessitam disso para se sentirem bem com eles mesmos. É por isso que ouvimos muitas vezes a mulher se queixar de que o marido tem ciúme da atenção que ela dá aos filhos, porque ele também deseja receber essa atenção e não compreende que se ela não cuidar dos filhos com dedicação, corre o risco de perdê-los. Essa falta de compreensão, por vezes, leva os homens a traírem suas mulheres com outras muito menos atraentes, somente porque as outras os fazem se sentir desejados e valorizados. Seja qual for a crise que está vivendo, assegure-se de que ele saiba que você o ama, que o estima e que o valoriza. E mais, conheça as suas necessidades e as suas falhas, aprenda a perdoá-lo, a compreendê-lo e ajude-o a ser uma pessoa melhor. Mas faça isso se amá-lo e se ele for uma pessoa boa.

2

Aprenda a despertar e a fazer durar o desejo

Chegou a rotina, tem dias em que você sente falta da adrenalina, de quando saía para seduzir ou simplesmente ser conquistada. Sente-se fora do mercado? Tenha calma, nem tudo está perdido.

O seu produto já não é uma estrela cintilante cheia de promessas, é apenas uma "vaca leiteira", mesmo sem amamentar. No *marketing*, é o produto da constância e da rentabilidade, é com ele que as empresas obtêm lucros e, no *marketing* do amor, é com ele que se constroem casamentos com êxito. Apesar de se sentir murcha, você continua tendo muito valor, só que agora transita num mercado mais maduro, muito menos propenso a novas experiências e emoções, repleto de obrigações e de rotinas. Para se animar, pense quanto lhe custou chegar nesse lugar onde está e imagine a falta que sentiria se o perdesse.

Estamos num patamar diferente, você tem uma relação amorosa consolidada e já conquistou o seu amor. É tempo de desfrutar, é como passar a tempestade e gozar de um mar calmo e um céu limpo e intenso numa linda praia. Muitas mulheres, nesta fase, acabam ficando nessa praia paradisíaca e adormecem. Elas se esquecem do que fizeram para conquistar o amor, de que eram felizes quando se sentiam apaixonadas e se divertiam com o seu parceiro. Os hormônios ficam em baixa, por isso, para mantê-los animados, estimule-se e motive-se para o amor.

A vida é cíclica, e as relações a dois também; então, é preciso sempre olhar para trás e manter um recomeço constante. Quando o mar permanece calmo por muito tempo, precisamos de umas ondas para nos refrescar. Aqui, repetimos tudo o que falamos anteriormente: é preciso estar motivada e manter a inspiração para amar alguém e, sobretudo, para se amar. A conquista do nosso "eu" e do "eu" do outro é evolutiva e permanente.

Anime-se e coloque-o em sintonia com a alegria, crie novos projetos para ambos, saia para dançar e faça uma reciclagem nas suas abordagens sensuais. Mostre ao seu parceiro que você é uma surpresa e que ainda há muito o que desvendar. Compre roupas *sexy*, que valorizem as suas formas, para você e para ele.

A relação é uma entrega pessoal e a dois, é servir o outro para que ele nos sirva. Aproveite o amor para conhecer emoções fortes, intensificar as relações sexuais e descobrir novos sentimentos.

Formas para manter o desejo

- Estipule uma noite por mês para terem sexo fora de casa: pode ser onde mais desejam ou podem escolher novidades;
- Faça da sua relação sexual uma prioridade, tem de ter tempo e tem de descobrir o prazer;
- Elogie o seu parceiro durante o ato e em outras ocasiões;
- Compre *lingerie* para os dois estrearem juntos, marque data e local especial para esse evento;
- Seja criativa com a sexualidade. Mande-lhe mensagens sensuais e coloque bilhetes sugestivos nos bolsos dele;
- Mude a sua rotina sexual: local, hora e posições; não durmam sem fazer as pazes, esclareçam e desfaçam qualquer mal-entendido;
- Converse sobre o que a faz sentir mais prazer, só assim vocês começam a seguir o caminho certo;
- Ouça as necessidades sexuais dele, esforce-se e vá até onde estiver à vontade, ao chegar no seu limite, pare;
- Não acredite em tudo o que as revistas dizem sobre sexo; a sexualidade que lhe serve é a que lhe dá prazer.

Ideias para reter o seu consumidor e as evidências da masculinidade

Conheça o seu par e aprenda a lidar com ele. O que os homens mais gostam é de sexo, o que mais precisam é de sexo e o que mais desejam é sexo. A partir daqui, pense o que quiser... E há muitas mulheres que também são assim. Imagine o que aconteceria se o seu par, que anda maltratado, encontrasse uma destas mulheres num cruzamento qualquer. Se ele se sente mal-amado, rejeitado e desvalorizado, ficará tentado a traí-la com outra na primeira oportunidade. Então, tome cuidado e ponha a mão na massa.

Os homens não gostam de muita conversa, preferem passar logo à ação. Muitas vezes, dispensam as preliminares se não forem devidamente orientados, não apreciam falar da vida alheia e não gostam de opinar à toa. São assim e assim devem ficar. Nós, mulheres, não devemos querer mudar o que a natureza e o divino criaram, pois eles não vão mudar só porque nos convêm. Por isso, não devemos insistir em modificá-los, nem aborrecê-los com estas questões, porque eles não entendem e não funcionam da mesma maneira.

Não podemos mudá-los, mas podemos esclarecer muitos pontos importantes. Você pode começar explicando que as preliminares, no seu ponto de vista, devem começar logo pela manhã quando ele lhe prepara aquele café fresquinho, lhe dá um beijo e diz com um sorriso: "Você está tão linda com essa roupa!". As preliminares podem continuar, ao longo do dia, quando ele a surpreende com o jantar, o banho das crianças, levando o lixo para fora e colocando um bombom debaixo do seu travesseiro.

Explique que as preliminares ocorrem, na perspectiva feminina, naqueles dias em que, em primeiro lugar, ele sabe ouvir sem pressa e não apresenta uma solução imediata só para nos calar, e, em segundo lugar, ajuda em tudo o que necessita diariamente para lhe facilitar a vida. Estas são as demonstrações de amizade que o seu par lhe dá, quando faz algo por você, como, por exemplo: enviar o seu currículo para a empresa que você tanto admira, ficar com as crianças para que você possa ir à sua aula de dança, inscrevê-la no *workshop* de fotografia que gostaria de frequentar ou fazer um esforço extra para lhe aquelas botas caríssimas que você tanto quer. Ou ele também pode se oferecer para ficar com as crianças enquanto você faz um retiro espiritual. O altruísmo, a compreensão, a generosidade e a amizade são as poções mágicas do desejo feminino. O melhor afrodisíaco para a mulher é ter um parceiro amigo e generoso, diariamente. Mas, se ele não sabe disso, explique-lhe com calma, quantas vezes forem necessárias, até que ele entenda.

Devemos ser quem somos, permanecer diferentes e respeitar as diferenças entre os sexos. Podemos desenvolver a nossa feminilidade, despertar as nossas capacidades de maior sensibilidade sem contar com a participação deles, ou podemos falar umas com as outras e deixá-los por fora dos temas mais ou menos profundos e de outros detalhes que não lhes despertam interesse, como a visão feminina da política, os dramas sociais, as questões da pobreza no mundo, que tanto nos afligem. E temas mais cotidianos, como a moda, as novas técnicas de cirurgia estética, as roupinhas mais confortáveis para o bebê, as receitas de bolo de chocolate *light*, as novas tendências de tecidos impermeabilizados para almofadas, entre outros.

Muitos homens se assustam com a necessidade que a mulher tem de verbalizar os seus sentimentos, de ter opinião para tudo e de se preocupar demais com detalhes. Fogem de mulheres exageradamente nervosas e sensíveis, que só falam de futilidades e discutem por causa dos tapetes do banheiro; isso é sinônimo de muito cansaço, exaustão mesmo. Neste caso, é melhor mudar de estilo e deixar de insistir. Para ajudar, devemos considerar que há coisas que não queremos ouvir e coisas que não devemos dizer. Por isso, precisamos estabelecer um pacto de respeito mútuo e uma certa cerimônia que coloque a relação num patamar em que não são admitidos desacatos e afrontas de baixo nível.

O que um homem não pode dizer a uma mulher

- Você fala demais.
- Você tem um sexo grande demais.
- Você está feia!
- Você engordou.
- Você é igual à sua mãe.

- Cale a boca.
- Você é que é a mãe...
- A minha ex-namorada era especial.
- Com quantos homens você já dormiu?
- A sua canja é boa, mas a da minha mãe é melhor...
- Você tem o cabelo esquisito.
- Gosto mais de ver você de saia.
- A sua amiga Ana está muito bonita...
- Aquela não é bonita, é interessante.
- Você precisa retocar a raiz do cabelo.
- Essa roupa é estranha.
- Você está velha.
- Não acredito em você.
- Você é uma péssima mãe.
- Você dirige muito mal.
- Eu me apaixonei por outra.

O que uma mulher não deve dizer a um homem

- A culpa é sua.
- Você tem um sexo pequeno.
- Você não vai dizer nada?
- Você está flácido.
- Você não me excita...
- Estou com uma grande dor de cabeça... enorme, mesmo.
- A sua mãe é horrível.
- Já lhe disse mil vezes para pendurar a m... do quadro.
- Preciso que você me faça um favor.
- O João [ex-namorado] sabia me fazer feliz.
- Você está ficando careca.
- Você não é lá grande coisa na cama.

- Você é um estúpido, não sabe fazer nada direito.
- Já traí você com um amigo seu.
- Você está acabado.
- Você não vale nada.
- Você não tem....
- Você não é o maior amor da minha vida.
- É preciso sempre um palhaço para pagar a conta.
- Você é um fraco (ou covarde).

3

O que os homens querem de uma relação?

Os homens querem, em primeiro lugar, sexo e, a seguir, querem de nós mais ou menos o mesmo que queremos deles: carinho, dedicação, cumplicidade, fidelidade, admiração e sexualidade ativa.

A grande diferença é que eles desejam mais sexo do que nós, por razões biológicas. Por isso, o sexo tem de ser encarado como natural e indispensável numa relação adulta e saudável. O sexo não é um "bicho-papão", nem a entrada no país da pornografia.

A maioria dos homens se contenta com uma intimidade serena mais do que com exibições extraordinárias. Não precisa plantar bananeira nem se contorcer toda para deixá-lo feliz na cama. A sexualidade da mulher também não é um tema tão complexo e exigente, repleta de posições e mistérios desconhecidos, como a maioria das revistas femininas faz parecer. Para a maior parte das mulheres, as melhores posições são as que lhes dão mais prazer e as que parecem ser mais eficientes são as que permitem mais fricção na zona do clitóris, o resto é bônus. Para o homem, o leque é mais amplo. Contudo, para ambos, o sexo é compensador desde que haja prazer e entrega. Não interessa muito o espetáculo, o desempenho individual tem um objetivo a ser cumprido: o orgasmo. Mas, para as mulheres, nem sempre é fácil alcançá-lo; há quem tenha prazer sem orgasmo e há quem não o dispense. O prazer é um caminho a percorrer a dois e é necessário quebrar alguns tabus morais para se libertar e se entregar ao ato. No amor sexual é preciso entender que o sexo é uma prioridade, o que exige dedicação e muita intimidade.

O que mais conta para ele no sexo

Para um homem é muito importante a frequência com que faz amor, e o que ele mais aprecia é sentir que dá prazer à mulher. Para a mulher também é importante manter o ritmo, porque, sem alguma frequência, a sexualidade acaba esmorecendo. Você deve usufruir do prazer que o seu par pode lhe dar, sem vergonha de ter ou não orgasmo, estimulando o prazer e procurando descobrir a dois como poderá obtê-lo para se sentir plena.

Só o prazer mútuo consegue unir um casal feliz, porque se uma mulher finge que sente o que não sente, um dia vai cobrar essa falta de estímulo. O prazer mútuo surge com a confiança e com a entrega. Existem mulheres que conseguem se entregar facilmente; outras podem levar anos. O importante é se entregar e desfrutar. Sem sexo não há como ter uma relação feliz, pois se a mulher aguenta longos períodos sem sexo, o homem não. A não satisfação dessa necessidade fisiológica origina a infidelidade tanto no homem como na mulher.

Dizem que, no sexo, a única barreira que existe é a da nossa censura, que inibe a nossa vontade. Se ambos quiserem, está ótimo. Se apenas um deseja, terá de saber esperar, ser mais convincente ou, se for o caso, até esquecer essa fantasia.

Não vale a pena fingir que se tem prazer quando não se tem, é melhor descobrir por que não se tem prazer. Pode ser algum problema camuflado de infância: pais muito repressivos, experiências traumáticas ou medo de ser mal interpretada.

Seja qual for o seu receio ou ansiedade, deve compartilhá-lo com o seu parceiro e enfrentar a situação, procurando uma solução a dois, ou com ajuda médica.

Não há receitas para fazer amor bem ou mal, depende da maneira como cada pessoa tem mais prazer e de como cada casal interage. É uma descoberta evolutiva. Deve melhorar com o passar do tempo e não o inverso; se começar a ficar monótono, você terá de ser mais criativa. É como preparar um bife, há mil receitas diferentes: com mais pimenta, com molho inglês, com cebola, com cogumelos e até cru.

Cada pessoa tem a sua receita e experimenta novos condimentos. É uma descoberta pessoal que é limitada pela cultura, por princípios e preconceitos. Cada casal tem o seu percurso a seguir. Mas garanto que não é como fazer uma sopa instantânea! Não é por assistir a um filme pornográfico que você vai se tornar um especialista, a especialidade vem com o sentir. Não lhe serve dar prazer se não receber também. Por isso, terá de se envolver, confiar e se entregar ao momento.

Muitas mulheres procuram outros estímulos para apimentar as relações sexuais, como, por exemplo, fantasiar histórias durante o ato, usar *lingeries* provocantes, fazer uma dança sensual, assistir a filmes eróticos e até praticar sexo em locais pouco convencionais, como ao ar livre, na praia ou num banheiro público. Tudo é válido se ambos gostam do estilo e se sentem confortáveis com a situação. Cada indivíduo tem as suas fontes de excitação e cada casal encontra a sua própria dinâmica sexual.

Os homens adoram mulheres desinibidas que gostam de novas descobertas nessa matéria. É pouco provável que um homem não queira ter experiências sexuais mais ousadas quando solicitado pela sua parceira, porque cresceu com a ideia de sexo presente sem constrangimentos, sem represálias e julgamentos morais. Muitas vezes, é a necessidade de quebrar a rotina que os leva a procurar outras mulheres para se satisfazerem. Querem mais!

Para certas mulheres, acompanhar esse ritmo é tortuoso, nem sempre é possível, nem sempre é compatível. As mulheres, às vezes, são mais fechadas e culturalmente mais reprimidas. Muitas têm inibições relativas a novas experiências sexuais porque não estão à vontade com o próprio corpo ou não condizem com os seus princípios religiosos. Por isso, uma mulher pode não querer experimentar. Neste caso, o parceiro tem de respeitar os seus limites e aprender a conquistar a sua confiança. Se não existem grandes modernidades, façam à moda antiga. Bem ou mal, é preciso que façam, pois é parte da natureza e faz muito bem à saúde.

Os homens ainda acreditam que podem trair as mulheres sem consequências graves porque, socialmente, não são recriminados e, além disso, querer provar outros sabores faz parte da virilidade. Segundo eles, as mulheres que têm em casa são intocáveis, as que seduzem são as que lhes dão novidades e emoções fortes. Se tiver energia e motivação para criar essas emoções fortes e manter o seu consumidor entretido, é mais provável que ele se mantenha fiel, pelo menos que não seja por falta de tempo e cansaço físico. De resto, nunca perca o controle da situação. Liberdade sim, mas de olhos bem abertos.

Caso real: infidelidade no Facebook

Uma senhora "bem casada" descobriu, por acaso, numa rede social, uma mensagem sedutora do marido para uma mulher com quem se encontrava. Ela resolveu lhe enviar esta mensagem:

Olá, como está? Sou a esposa legítima do Vasco.

Vi que você troca mensagens amorosas com o meu marido no Facebook. Fiquei muito feliz por saber que ele já arranjou alguém para ocupar a vaga, estava muito difícil. Só quero lhe informar que você pode ficar com ele e com a bagagem dele a partir de amanhã. Ele levará cinco crianças que são umas pestes, gritam até não poder mais, sujam e quebram tudo. E mais uma lista de dívidas, quatro hipotecas, dois empréstimos pessoais e, ainda, três ex-mulheres agressivas, completamente falidas, que telefonam para ele todas as sextas-feiras pedindo dinheiro para o supermercado.

Estou à sua disposição para tratar de tudo com a maior brevidade possível. Avise-me assim que puder para marcarmos a mudança, estou ansiosa por mudar de vida e muito feliz por você ter aparecido.

Muito obrigada,
Catarina

Esta amiga do Facebook não pode dizer que não foi avisada. Do lado masculino, nunca se sabe com o que contar, acredito que para manter a fidelidade masculina é preciso mantê-lo ocupado, entusiasmado e, sobretudo, cansado. Contudo, se houver oportunidade e as circunstâncias forem muito favoráveis, ele vai trair. Por isso, o melhor é boicotar as oportunidades e mantê-lo com a rédea curta, porque parece que ele não sabe como se desfazer do papel de predador sexual. Todavia, para conseguirmos viver em paz e de maneira saudável, ao longo da vida do casal, temos de saber confiar, esclarecer e dar liberdade. Devemos dar-lhes sempre a presunção da inocência, mas mantendo o controle remoto ligado para não termos surpresas desagradáveis.

4

Você tem tanta vontade quanto eu?

Muitas mulheres têm uma imensa dificuldade em se relacionar sexualmente, tanto na adolescência como na maturidade, ao longo da vida e, sobretudo, durante a gravidez e após o parto. Para ter prazer não basta só fazer. A sexualidade é evolutiva e faz parte integrante de uma relação a dois, tem de ser descoberta, redescoberta e amadurecida. É uma prática espiritual, envolve corpo e mente e não funciona se esta não estiver envolvida! Portanto, se está chateada com o seu marido é natural que não tenha vontade, por isso, o melhor é resolver as questões pendentes e não alimentar discussões todos os dias.

Durante a adolescência, a mulher deve encontrar-se sexualmente, conhecer o corpo e aprender como e o que lhe dá mais prazer. Depois do conhecimento profundo do seu "eu sexual", está apta a conhecer o seu par amoroso e a ter uma experiência sexual a dois. Mas, para conhecer alguém com intimidade é preciso existir a descoberta, a dedicação e a entrega sexual. No entanto, na vida adulta, muitos são os fenômenos que fazem regredir a vida sexual. Devíamos estar seguras, mas parece que esquecemos tudo o que aprendemos, por insegurança ou por retração e falta de vontade de sair do lugar. Podíamos dar ao outro algo que valha mais a pena, mas depois de todas as contrariedades do dia a dia, dele não ter ajudado com as compras, de ter faltado às reuniões da escola das crianças e de ter deixado você sozinha com uma criança ardendo em febre à espera de atendimento, por horas, na emergência do hospital, falta um estímulo.

Depois de tudo isso, quem sente alguma vontade de ter sexo? O homem, é claro! Ele acha sempre que é a melhor maneira de fazer as pazes e de pedir desculpa. No entanto, como a situação não está boa para o nosso lado, temos de mudar e explicar como devem fazer, agir e se comportar. Ou seja, para haver sexualidade é preciso haver cumplicidade e dedicação 24 horas por dia, e não apenas na hora de dormir. A convivência, por vezes, é surpreendente, uma mulher extenuada consegue manter o bom humor mesmo com a tendência do marido para ser mulherengo.

Numa determinada ocasião, eu estava com a minha amiga Sofia na festa de inauguração de uma boate, onde um grupo de jovens dançarinas exóticas saracoteava os seus microvestidos por entre os homens. De repente, vimos o marido dela entrar por uma porta para uma parte "privada" da discoteca, que não conhecíamos, acompanhado por duas delas. A minha amiga apenas fez o seguinte comentário: "Vamos torcer para ver se ele se safa. Assim, não tenho de me cansar esta noite..." Não há dúvida de que o senso de humor nos tira de qualquer embaraço e de que ter um marido mulherengo é um *karma* difícil de carregar.

Muitas mulheres, inconscientemente, penalizam os seus maridos com o sexo, pois percebem que é do que mais gostam e precisam. Uma vingança sutil vem com uma pequena dor de cabeça e com sucessivos afastamentos e, pouco a pouco, o sexo acaba por desvanecer na relação. Cuidado, não exagere com esse tipo de castigo, porque pode se voltar contra você, que estará também se colocando de castigo. Não deve prolongá-lo por muito tempo, porque a sexualidade também é sua, você tem direito a ter prazer e precisa de uma sexualidade saudável.

Também há outro tipo de mulher que gosta mais de dinheiro do que de sexo. Há uma piada que diz: "Se conhecesse o Pinto da Costa, me apaixonaria perdidamente por ele. Por quê? Porque paga muito e f... pouco". Existe gente de todo tipo. E mulheres que se contentam com muito pouco.

Porém, piadas à parte, quando você se priva da sua sexualidade, pode ter a certeza de que, o mais provável, é que o seu par arranje outra para continuar com a sexualidade dele. Faz parte do seu instinto predador e garanto que eles não aguentam muito tempo de privação, ao contrário das mulheres.

Existem fases na vida de uma mulher, como, por exemplo, depois de se tornar mãe ou durante a gravidez, em que ela precisa de tudo, menos de sexo. Existem momentos na nossa vida em que o sexo fica para trás e não nos apetece, estamos exaustas. Mas há sempre uma fêmea disponível procurando uma presa para acasalar e, se o seu "macho ALFA" andar muito tempo descontente, à solta, e se tiver o azar de cruzar com ela, corre o risco de não resistir. Não a condene, nós todas já fomos como essa fêmea predadora que não tem culpa; ele é que é comprometido e não aguenta manter a braguilha fechada.

Nos períodos difíceis da vida, se você precisar dar um tempo, deve esclarecer com o seu parceiro as suas necessidades e o que sente. Há momentos em que você precisa lhe pedir ajuda em vez de afastá-lo, como no período pós-parto, em que a exaustão provocada pelo nascimento do bebê pode fazê-la necessitar de ajuda para cuidar de si mesma e do novo ser. É perfeitamente normal e deve ser resolvido pelos dois. Chegará o momento em que você estará mais disponível para o seu parceiro, mas, enquanto não estiver, não deixe de conversar com ele, nem de pedir que a ajude nas tarefas com o recém-nascido, explique as razões do seu cansaço ou desânimo. Se não lhe disser o que fazer, ele não saberá como agir e se não pedir ajuda, talvez ele não a ajude. Os homens foram educados para pensar que os bebês são um assunto só de mulheres e que é um prazer imenso para elas tratarem das crianças, que isso não cansa, é como brincar com bonecas. Mas nós sabemos como é a realidade: quando as crianças nascem, precisamos de ajuda para sempre e é bom que eles se acostumem cedo a isso.

Os pais são muito importantes para repartir conosco os cuidados do bebê, das crianças e dos adolescentes, no mínimo para que possamos ter uma noite completa de sono. Desde a fase de recém-nascido, se resolver cuidar do bebê sozinha, se ele necessitar mamar várias vezes durante a noite (como acontece em todos os casos), e se passar meses sem dormir, talvez você só queira voltar a ter sexo quando o ele for para o ensino fundamental. Isso se você não tiver uma depressão pós-parto ou pedir o divórcio.

É preciso fazer, continuar a fazer, refazer e conversar muito com ele, elogiá-lo e tratá-lo muito bem para que se mantenha motivado. E depois, exigir que ele faça o mesmo. Não se esqueça, quando se descontrolar e gritar demais, volte a si, recomponha-se, sorria e peça desculpas, dizendo: "foi só um hormoniozinho fora do lugar".

Sexo não é tabu.
É uma condição natural para que a relação funcione

Voltamos ao assunto do sexo para esclarecer melhor a importância desta atividade na fidelização do amor. Quanto menos fizer menos terá vontade de fazer, por isso, faça alguma coisa. A relação estável nos proporciona o sentimento de união, que é muito reconfortante e estimula em nosso cérebro a ação da ocitocina, o "hormônio do casamento", que faz nos sentirmos bem com a intimidade e com a comunhão. É o que chamamos de sentir amor. Esta substância é responsável por fazermos sexo com o mesmo homem a vida toda. Que amiguinha... Por isso, aproveite-a, há uma função química para tudo o que fazemos na vida, não é *darma* nem *karma*, é biologia.

Já escolheu o homem com quem quer dormir para sempre (ou pelo menos nos próximos anos)? Agarre-o bem, agora é tempo de se entregar sexualmente a novas experiências com ele, porque você precisa de outras substâncias mais "eufóricas" na sua vida: a serotonina; um toque de adrenalina nunca fez mal a ninguém. Veja a seguir algumas sugestões para chegar lá.

Imagine que está cansada de fazer sempre a mesma coisa, que tudo lhe parece entediante. Neste caso, mude o tempero do bife, adicione uma pitada de algo a mais, seja criativa e aceite as sugestões dele. Crie novos encontros sexuais com o seu par fora da rotina do dia a dia, viva novas experiências a dois, de acordo com os gostos pessoais. Existem muitos acessórios e locais onde é possível dar asas à sua imaginação — você pode convidá-lo para ir ao motel ou usar um anel vibratório para estimular mais o seu prazer. São muitas as possibilidades para quebrar a rotina na sua relação sexual e a sua imaginação é o limite. Seja ousada e deixe-se levar sem estresse.

Só não abra mão das preliminares, porque há quem diga que, para os homens, isso é apenas como um pequeno favor que nos fazem, nada mais que um mimo. Não deixe que ele perca o hábito de ser generoso, senão o bife fica sem sal.

Acredito que a sexualidade ainda seja, para algumas mulheres, um tema difícil, por terem recebido uma educação repressiva demais e, muitas vezes, também por uma questão religiosa que, em alguns casos, é tabu. O sexo acontece bem ou mal na sua cabeça, e o prazer também é cerebral.

A sua libertação sexual é sempre mais mental, você pode fazer tudo e não sentir nada, por isso, tem de desejar e querer estar entregue ao que está fazendo, aquele momento é só seu, e você não estará diante de um padre repressor nem da sua mãe castradora. Aliás, existem seres humanos há milhões de anos justamente porque as pessoas fazem sexo umas com as outras, e na Idade Média isso não deveria ser uma atividade muito higiênica nem agradável, mas agora é tudo mais limpinho, bonito e perfumado. Faz parte da vida, aproveite porque pode lhe dar muito prazer. Esqueça tudo e pense só nas coisas que a excitam, esta é a fórmula que a maioria das pessoas usa.

Leva algum tempo e depende muito do contexto cultural, mas é possível ter uma vida sexual feliz. Existem muitas diferenças culturais que influenciam a percepção que a mulher tem do sexo. No Japão, por exemplo, dizem que as mulheres são mais orientadas para dar prazer aos maridos, nos países mais católicos, nos ensinam sutilmente a seduzir para casarmos cedo, mas não nos ensinam a manter esse casamento, e nos induzem a pensar que a sexualidade é feita para procriar e preservar a espécie, não para dar e receber afeto e prazer. Nos países tropicais, como o Brasil, as mulheres aprendem a usar a sexualidade como condição natural da sua felicidade durante a vida, a educação é mais liberal e o modo de vida demonstra que a sociedade é mais bem resolvida com a sexualidade. Talvez seja um fenômeno de "temperatura corporal", diante da exposição do corpo às altas temperaturas e ao bom clima em geral. Pense na festa que fazem no Carnaval. Dizem que as mulheres africanas também são mais calorosas. Será do clima? Será que as mulheres fora dos trópicos devem aquecer mais o corpo e a alma? Quem sabe?

A "historinha" do Rio de Janeiro

Não resisto a contar este episódio sobre a descoberta de uma outra mentalidade sexual, noutras paragens do Atlântico. Sou uma fã incondicional do Brasil, tanto pela sua criatividade e cultura como pela sua natureza e mentalidade aberta.

Há alguns anos, estive de férias com uma amiga, Paula, no Rio de Janeiro, um lugar muito especial e bonito, com uma praia maravilhosa, florestas e com toda a agitação de uma cidade moderna à beira-mar. Tenho uma paixão fervorosa por esta cidade e uma grande admiração pelo seu país e pelo povo: o modo como encararam a vida é muito inteligente e especial. Acho a sua arte e a sua exuberante capacidade de expressar emoções surpreendentes; sempre que posso venho ao Brasil e toda vez descubro algo diferente e criativo, este é realmente um país abençoado por Deus e pela natureza. Há coisas especiais que só acontecem aqui, devido a tanta beleza natural, tanto sol, tanto mar, tanta cultura, tanta diferença e gente tão dada à vida.

Existe um mito ibérico de que as mulheres brasileiras são mais sensuais e melhores na cama, ao contrário das europeias, que têm fama de insossas, envergonhadas e agarradas à mãe (até na hora da ação). Curiosas, eu e minha amiga quisemos desvendar esse mistério e aprender tudo sobre esse "saber especial" transatlântico.

Durante nossa estada, fizemos amizade com algumas pessoas, bebemos caipirinha, tomamos sol e saímos para jantar. E aproveitamos a oportunidade para descobrir tudo o que pudemos sobre o assunto. Uma das coisas que percebemos é que os cariocas adoram passear nas ruas e nas avenidas repletas de barzinhos, mas também frequentam boates e restaurantes tanto quanto os europeus (talvez por uma questão de segurança ou apenas porque quase sempre está calor à noite). Vimos que, no Rio de Janeiro, as meninas começam a sair muito novinhas (extraordinariamente novas), e começam a namorar e a se produzir muito cedo. A cidade gira em torno da praia, pois é verão quase o ano inteiro. Por isso, todo mundo malha muito para exibir um corpo bonito; existe um verdadeiro culto ao corpo "sarado", um corpo belo e saudável, preparado com exercícios físicos e uma excelente alimentação natural. Às seis horas da manhã já tem muita gente caminhando no calçadão, jogando vôlei ou praticando exercícios na praia com *personal trainer*; ser saudável faz parte da cultura do Rio e os cariocas são muito bonitos e sensuais.

À noite, os jovens gostam de ficar nos bairros da moda e de frequentar regiões onde as "turmas" se reúnem nas ruas e nas pizzarias, que funcionam como ponto de encontro e de passagem obrigatória. É possível comer a qualquer hora da noite ou simplesmente ficar tomando um chopinho gelado na avenida, no calçadão ou em pé, ao lado de um bar. Existe, como em todo lugar, uma elite que frequenta festas particulares com grupos restritos de pessoas consideradas influentes ou personalidades do momento. Fora isso, há muita diversão que ocorre nas favelas, que é um dos poucos lugares do mundo onde os mais pobres sabem como se divertir até mais do que os ricos. Existem as festas da Rocinha, o Bonde do Tigrão e o baile *funk*, festas populares que são transversais e arrastam multidões. No baile *funk*, por exemplo, há uma dança sensual em que os corpos colados vão se agachando e rebolando o traseiro empinado, para lá e para cá, feita por uma multidão suada e extasiada que se movimenta em grupo e se agacha cada vez mais, roçando os corpos uns nos outros de uma maneira muito mais erótica e forte do que a lambada. É uma espécie de transe coletivo sensual que se tornou uma atração turística, algo muito diferente e típico de uma cultura pouco preconceituosa, e que seria impensável ocorrer com aquele furor num local como a Europa, por exemplo.

Isso é um pouco assustador e chocante para a compreensão europeia. Na época, discutia-se no telejornal da noite o problema das meninas jovens demais (com 16 anos ou menos) que iam para o baile *funk* sem calcinha e tinham relações enquanto dançavam, chegando até a engravidar; isso é algo que nos faz perder o ar e faz qualquer um se sentir nascido no século passado. Essa é, realmente, uma mentalidade vertiginosamente "muito à frente"! Como europeias, estranhamos um pouco, mas ficamos felizes por quem aprecia. Todavia, não chegamos a assistir ao baile *funk* pessoalmente, mas, ainda assim, não perdemos a curiosidade pela cultura tropical.

Durante nossa estada, fizemos uma amiga, a Neide, uma mulher bonita, moderna, em boa forma física, casada e realizada profissionalmente, que trabalhava como gerente de moda em uma rede de lojas femininas de sucesso. Ela vinha nos buscar no hotel e nos levava aos principais pontos turísticos da cidade e nos mostrava os locais da moda, mas à noite, nunca estava disponível para sair, nem durante o fim de semana.

Percebemos que sempre que saíamos para jantar, víamos muitos jovens — bem mais jovens do que nós, que já estávamos na casa dos 30.

E notamos que não havia muitas mulheres como nós nas boates ou nas ruas mais movimentadas, então, perguntamos à Neide por que razão as mulheres entre 30 e 40 anos que víamos na praia e no calçadão fazendo exercícios físicos pela manhã não saíam para jantar ou dançar e por que ela não podia sair conosco à noite. Ficamos perplexas com a resposta. Segundo ela, a maioria das mulheres jovens de classe média se casa muito cedo e tem filhos; algumas, aos 30 anos já se consideram velhas, em péssima forma e não saem para a "balada", nem para se divertir à noite em bares, boates ou pontos da moda. Se realmente fosse assim, a série *Sexy and the City* nunca poderia se passar aqui!

Era um paradoxo, por isso, perguntamos: "E o que fazem as trintonas?". Ela respondeu que viviam uma vida normal, mais resguardada, continuavam malhando e indo à praia, mas não faziam nada de muito excêntrico, o divertimento ficava entre quatro paredes. Elas acabavam dando lugar às mais novas por concluir que já não estavam "podendo", que já passaram da idade. Ser eternamente jovem e gozar a vida independentemente da idade era um privilégio das atrizes e estrelas de televisão. A mulher comum, com mais de 30 anos, a não ser que fosse irrepreensivelmente perfeita (ou reconstruída pelo bisturi), geralmente não frequentava a praia dos mais sarados, a praia do Pepê (que recebeu esse nome em homenagem a um esportista, campeão mundial de asa-delta que frequentava o local). Nós fomos lá mas, diante daquele discurso, preferimos ficar no quiosque da praia, vestidas, bebendo água de coco e observando tamanha perfeição (achamos conveniente não desfilar as celulites, dispensamos a crítica e a dura avaliação). Mas a melhor revelação ainda estava por vir. Esta resignada e comprometida "mulher com mais de 30" tinha, afinal, um divertimento: aos fins de semana, ela, uma mulher casada, "direita", saía para jantar com o marido e esticava a noite para uma "historinha".

Não tivemos tempo para descobrir se a atitude de Neide era tendencialmente depressiva. Aceitamos a explicação e o que as evidências nos diziam; no entanto, queríamos desvendar o que era a tal "historinha" e aproveitamos para apreciar as beldades da praia do Pepê. Nisso, ela não se enganou. Era a praia da beleza, das celebridades, das sungas e tangas minúsculas.

E o que era a tal "historinha"? Consistia em um teatrinho para apimentar a vida sexual do casal! Aqui reside a beleza imaginativa dos casais mais liberais, que independe da idade e da classe social. Para quebrar a rotina, o casal inventa uma história em que fazem de conta que são personagens diferentes e que se envolvem sexualmente, é um "faz de conta" sexual. Pode ocorrer num motel ou em casa, onde for mais conveniente. As fantasias mais populares são a "enfermeira e o paciente" e o "patrão e a empregada". Também há quem prefira o "chapeuzinho vermelho" e por aí afora. Não é que não exista essa prática em outros países, o que nos surpreendeu foi a naturalidade com que as pessoas falavam disso. Além da fantasia fazer parte da cultura sexual dos casais, ninguém tinha vergonha de falar sobre esse assunto. Além disso, contam com a colaboração de muitas lojas temáticas que vendem *lingeries* sugestivas, e muitos acessórios para esse tipo de teatrinho estão disponíveis, até mesmo nas esquinas de bairros nobres, como o Leblon. Não se trata de uma *sex shop*, são lojas normais de *lingerie* que vendem esse tipo de produto com a maior naturalidade. Não é preciso ser época de Carnaval.

Acabamos verificando com outras mulheres casadas que essa atividade era frequente e perfeitamente natural, ninguém se chocava com isso. Mas já imaginou qual seria a reação da minha vizinha se visse uma roupa dessas pendurada no varal? Certamente me julgaria uma tarada e trataria de esconder o marido. Porém, se você quer ser protagonista desse filme, seja moderna e não se preocupe com o que os outros pensam, ninguém tem nada a ver com as suas animações sexuais.

Neste caso, foi muito engraçado constatar o inverso, a normalidade com que as mulheres casadas ou comprometidas comentam o assunto e se divertem como se estivessem trocando receitas diante de duas espectadoras portuguesas de boca aberta, que tinham hábitos bem diferentes para o sábado à noite. Mas essa é a cultura descontraída do Rio de Janeiro, bem ao jeitinho brasileiro. Entretanto, que fique claro: estas são as minhas impressões pessoais, baseadas nas observações feitas na época, durante minha permanência na "cidade maravilhosa".

Adoramos a viagem e descobrimos outras realidades de uma cidade cuja mente é mais aberta e tem outras perspectivas do relacionamento amoroso entre casais. Para a contribuição do mito sobre o desempenho sexual das brasileiras, posso afirmar, do que analisei, que "as cariocas" (porque o Brasil é uma diversidade de estados culturalmente muito diferentes, não se pode generalizar) são mais desinibidas, meigas, simpáticas e criativas do que a maioria das mulheres que conheço, e muito pouco preocupadas com que as mães pensam a respeito delas. Nisso, são um bom exemplo a seguir! Elas são também mais dedicadas ao homem e à necessidade de uma vida sexual ativa sem preconceitos, independentemente da idade. Em Portugal, por exemplo, as mulheres têm fama de serem ríspidas, brutas, sexualmente contidas e de viverem na "barra da saia" das mães. No entanto, considero que em algumas frações dessa sociedade aparentemente mais liberal, existe uma cultura machista que impera nas relações entre homens e mulheres. Aquela paranoia de que as mulheres a partir dos 30 são velhas é muito chauvinista e injusta para aquelas que estão muito bem resolvidas com a vida e com a maturidade. Ser jovem, apesar da idade, não é um privilégio elitista, ou é?

Apesar dos critérios de beleza dos cariocas serem exigentes, o Rio deve ser a cidade onde existe a maior concentração de mulheres bonitas por metro quadrado no mundo. Por isso, é um dos locais onde mais se realizam cirurgias plásticas, porque a beleza e a boa forma física são uma prioridade cultural; e deveria ser uma prioridade para todas nós, na medida certa, pois esses atributos são sinal de saúde e autoestima.

Dá para concluir que a desinibição e a mentalidade mais aberta ajudam muito o casal a evoluir sexualmente e também a se surpreender mutuamente. Cada experiência sexual é única e cada casal encontra os seus estímulos de prazer, as posições preferidas e as fantasias que gostam de compartilhar.

Para isso, é preciso confiança, intimidade, desinibição e estar aberta a se comunicar com o seu parceiro sobre o tema. Cada pessoa tem os seus limites e gostos; para muitas, os "teatrinhos sexuais" podem parecer uma aberração, outras gostam de dizer palavrões durante o ato sexual ou preferem fazê-lo com pouca luz; existem muitas variantes nesse tipo de desempenho, mas quanto mais entretenimento tiver no ato, mais divertido fica. E o senso de humor é indispensável para que haja alegria. Existe algo melhor do que rir da situação?

O importante é desenvolver a sua sexualidade de acordo com a maneira que se sentir mais à vontade, evoluindo na sua medida exata e, sobretudo, que você se sinta completa e satisfeita com a vida.

5

Apimente a sua sexualidade: aumente o desejo

Acho que todas concordamos que o sexo requer disposição, mas nem sempre a temos; às vezes, nos aborrece e até dá dor de cabeça. Sem falar no período do pós-parto, na época das fraldas, no estresse e na falta de lubrificação que podem tornar o momento muito mais difícil.

Contudo, você não pode deixar que a sua relação caia na rotina ou numa situação quase mecânica, em que o sexo é automático, previsível e até doloroso. Acredite que dá para se notar, está na sua cara logo pela manhã! Conhece aquela expressão que diz "essa tem cara de mal-amada"? É porque realmente fica notório. Mas sempre é tempo de mudar de semblante, só requer empenho e disposição.

Há aqueles casos da mulher que, com falta de tempo, pede ao marido para fazerem amor na hora da novela, para que ela tenha dois em um, ou seja, enquanto trata do assunto dele, trata também do assunto dela. E quando ele está quase no auge, ela diz: "Fica quieto, não faça barulho que agora ela vai contar quem matou a vizinha!". E tem ainda o caso da mulher que parece estar muito entretida e, de repente, quase interrompe o orgasmo do marido para lhe dizer: "Espera, você está com um cravo enorme aqui! Está quase saindo. Espera que vou... Ah, malandro, te peguei!". E, então, ele grita: "Uiii!". Mas é de dor.

Não convém ter esse tipo de atitude porque é um pouco desmotivador para o seu parceiro. Se ele cruzar na rua com uma beldade ou com uma sirigaita mais animada, tudo pode acontecer. Parece óbvio, mas isso acontece muito, mesmo nas boas famílias, e todas temos aqueles dias de touca na cabeça, chinelo, cobertor puxado até o nariz e de "Chega pra lá!". É sempre bom lembrar que é necessário ter a máxima atenção e dedicação, além de tratar o momento com dignidade. Portanto, televisores desligados (a não ser que sirvam para fazer barulho e despistar as crianças que já estão dormindo) ou música ambiente, se gostar. Deixe a luz acesa (experimente usar lâmpadas vermelhas, aquece mais o momento), com muita ou pouca claridade, mas nada de apagar a luz completamente, pois aí não se vê nada. E se não vê, não desfruta o contato visual e acaba com o prazer visual do parceiro, o que é fundamental para o seu estímulo.

Se você gosta de apagar as luzes é porque não está à vontade com o seu corpo e sente vergonha. Mas será preciso perder a vergonha e aprender a se amar, aceitando o corpo que tem. Você pode procurar ajuda psicológica para superar a vergonha e o medo porque, muitas vezes, existem problemas emocionais camuflados por trás dessa inibição ou dessa repulsa pelo próprio corpo. De qualquer modo, por enquanto, é melhor fazer às escuras do que não fazer.

Existem algumas ideias que podem ajudá-la a criar momentos a dois mais divertidos e excitantes. Leve as crianças para a casa dos avós, das tias ou madrinhas e parta para a sua aventura sexual. Descobrir o seu prazer sexual é uma responsabilidade sua e essencial para o seu bem-estar físico e emocional, independentemente de todos os conselhos opressivos transmitidos pelos seus pais ao longo da vida ou de todas as ideias que lhe passaram na escola. Eles apenas queriam assustá-la para que não engravidasse aos 12 anos, mas, agora, você tem de se livrar dessa repressão e viver a vida em liberdade. Quer tenha 20 ou 70 anos, sempre é tempo de conhecer o seu corpo e as sensações que ele lhe oferece.

Como apimentar uma noite especial

- Prepare uma "historinha", um teatrinho sexual;
- Ofereça-lhe um jantar romântico com comida afrodisíaca;
- Surpreenda-o com uma *lingerie sexy*;
- Faça-lhe uma massagem com óleo corporal e peça para ele lhe massagear as costas;

- Use uma fantasia para brincar com ele num Carnaval fora de época;
- Dê a ele uma cueca *boxer* fluorescente, apague a luz e divirtam-se juntos;
- Procure fazer amor em locais diferentes (ao ar livre, na *jacuzzi*, na praia e onde mais lhe der vontade);
- Escreva um bilhete com os seus desejos de amor e coloque-o em cima do travesseiro dele;
- Deem uma escapadinha para o amor no meio da tarde ou quando ele menos esperar, apimente a tarde ou a manhã, em vez de ser sempre à noite;
- Passe a noite fora e longe da família, só os dois, num hotel ou motel;
- Estipule uma noite ou um dia por mês para fazerem uma extravagância amorosa e cumpra a promessa;
- Vista-se com sua roupa mais bonita e saia para jantar;
- Tome banho com o seu amor;
- Coloque a sua música preferida e dance com ele à luz das velas.

6

Dicas para melhorar a sua relação sexual

Procure se manter informada

Você precisa obter mais conhecimentos sobre a sexualidade, perceber como funciona o corpo feminino e o masculino nesse aspecto. Busque informações em livros especializados ou em sites sobre o tema. O primeiro passo é perceber que o sexo é uma necessidade absolutamente normal e saudável.

Procure também conhecer o seu corpo e a maneira como obtém mais prazer. Essa autodescoberta vai fazê-la despertar mais os sentidos e quebrar pouco a pouco algumas barreiras para a sua desinibição. Neste processo, você deve contar ao seu parceiro o que mais gosta de fazer e o que não gosta tanto. Você precisa passar a ele a fórmula do seu corpo, os locais mais erógenos e os que a deixam mais excitada, para que ele possa seguir essas indicações. Cada corpo tem os seus sentidos e uma libido própria, por isso, tem de ser descoberto a dois.

Não se esqueça que do outro lado também existe um homem sedento de prazer, por isso, o que ele fizer por você também estará fazendo por ele. Faça também o que ele mais gosta e estimule-o nos locais e da maneira que ele mais aprecia. Se não detectar à primeira vista estes sinais, converse com ele abertamente sobre a sexualidade.

Mantenha a mente aberta

Muitas mulheres reprimem a sua sexualidade porque desconhecem o funcionamento dos seus órgãos genitais, como, por exemplo, a falta de lubrificação que ocorre muitas vezes após o parto, depois do período menstrual ou na menopausa. Existem soluções simples para estes casos, como o uso de um lubrificante.

Outras mulheres só conseguem ter prazer com a estimulação do clitóris e são mais rápidas do que os seus parceiros. Existem acessórios vibratórios para estimulá-las por mais tempo no ato sexual, permitindo que acompanhem o seu amante.

Existem soluções disponíveis em farmácias, sites especializados e ao alcance de qualquer mulher, não é preciso ir ao *sex shop*, nem ter nenhum comportamento extravagante. Fale com o seu farmacêutico de confiança ou com o seu ginecologista, exponha o caso; hoje em dia há solução para tudo, até para a falta de libido feminina.

Abra a sua mente para agir sempre que surgir um sinal de mudança ou de desconforto sexual, com você ou com o seu parceiro. Não hesite em falar com o seu médico sobre alguma dificuldade e esteja atenta a novas soluções e experiências para melhorar a sua vida sexual.

Deixe o cérebro excitado ao máximo

O cérebro é a zona mais erógena do nosso corpo, a sua sexualidade começa aqui. Por isso, quando você se zanga com o seu parceiro, normalmente não tem a menor vontade de ter prazer sexual com ele, porque está magoada e não consegue libertar os seus sentidos. Ao contrário de um homem, que acha sempre que uma boa "rapidinha" ou "demoradinha" resolvem qualquer problema.

No entanto, para as mulheres, o sexo está principalmente no cérebro. Explore a sua imaginação sexual durante o ato e crie estímulos cerebrais para se sentir excitada e mais desinibida. Muitas mulheres gostam de fantasiar durante o ato sexual, criando um mundo imaginário onde se entregam às mais loucas fantasias sexuais, para descontrair e se distanciar da realidade do cotidiano. Desse modo, conseguem se libertar e se entregar ao prazer do momento.

Também é muito frequente os casais usarem estímulos visuais, assistindo a filmes eróticos ou pornográficos. Muitos deles, à medida que vão evoluindo na relação sexual, começam a se permitir experiências mais ousadas, como fazer amor no mar, numa praia deserta, ao ar livre, no campo, num barco à vela, no terraço em uma noite de verão, no tapete em frente à lareira, numa banheira, em cima da máquina de lavar roupa.

Cada casal terá um mundo de vivências, há uma lista infindável de locais e situações novas para momentos especiais. Mas também é bastante normal que só façam sexo na cama, porque preferem. Contudo, o importante é criar os seus momentos e as suas experiências, porque não há receitas universais. Nem todas as pessoas apreciam as mesmas ideias audazes ou têm prazer com determinadas práticas sexuais.

É muito importante estabelecer os seus limites e fazer com que o seu parceiro a respeite. Se você não se sente confortável, não deve fazer algo por obrigação só para lhe agradar; arranje outra sugestão que seja do agrado dos dois. É um absurdo uma mulher sujeitar-se a práticas sexuais que a desrespeitem, só por imposição do seu parceiro, com medo de perdê-lo. Os danos causados à sua autoestima não valem o sacrifício.

Por outro lado, não se escandalize se a sua melhor amiga lhe disser que só sente prazer fazendo sexo anal, oral ou no meio da rua, ou de pernas para o ar, porque cada um sabe o que mais lhe dá prazer e ninguém tem o direito moral de contestar a sexualidade dos outros.

Estimule os momentos a dois

Você precisa fazer sexo com frequência, quanto mais fizer, melhor para a sua relação, mas nem sempre isso é possível. Nessas fases, arranje os momentos propícios nem que seja para uma simples rapidinha, uma vez por semana, depois de amamentar o bebê, enquanto ele dorme aquelas três horas de sono antes da próxima mamada. Marque na agenda eletrônica para não falhar. Não falte ao seu compromisso a dois e namore muito, antes, durante e depois.

Existem épocas da vida em que a forma, o tempo disponível e a circunstância limitam a vida sexual. Contudo, ninguém se livra desses momentos. Acho que uma das fases mais difíceis, comuns à maioria das mulheres, é depois do nascimento dos filhos. Nessa fase, você tem de ser mais prática e criativa. Qualquer momento serve, basta que tenha capacidade para inventar um pretexto. Você pode pedir à sua sogra para dar um passeio com o bebê pelo parque enquanto "trata de uma documentação importante" ou pedir ao avô para levar os meninos ao colégio e aproveitar para uma ducha matinal. Haverá sempre oportunidades e formas de manter os seus momentos sexuais vivos porque, se não o fizer, acabará se desligando do seu parceiro, e isso pode acarretar um desânimo afetivo e uma crise matrimonial. Ambos ficarão ressentidos com esse afastamento e a consequente falta de carinho.

Quando as crianças crescerem, você poderá optar por soluções mais descontraídas; elas podem ficar na casa dos primos, e vocês ficarão sozinhos, à vontade. Se preferir deixá-los em casa, convide os avós para ficarem com elas e passe o fim de semana num hotel perto da cidade ou numa pousada na montanha; aproveite os pacotes econômicos e divirta-se. A vida é feita para ser encarada numa perspectiva harmoniosa e para ser gozada com alegria.

No entanto, se não tiver essa possibilidade, vocês podem simplesmente ir ao motel mais próximo — existem opções para todos os bolsos —, e passar uma tarde ou algumas horas dedicadas ao prazer a dois. A imaginação tem de funcionar porque, na prática, qualquer cubículo, hotel, pensão ou quarto pode transformar-se no local mais sensual do mundo.

Se na sua vida não existem crianças ou se os seus filhos já não vivem com você, é hora de colocar a "contabilidade" em dia e desfrutar com ternura a sua vida sexual. Com a idade, tudo se altera um pouco, mas o desejo pode durar para sempre. A agilidade e a energia podem ser diferentes, mas é importante manter o afeto e uma certa regularidade. Mas, se você ainda é jovem e já está sem ritmo e sem propensão, acorde e aproveite a vida! Lembre-se que ela passa depressa; mude suas atitudes ou prepare-se para atravessar um deserto quando for mais velha.

TENHA O PODER SOBRE A SUA VIDA

Nunca é tarde para seguir o caminho certo... Nunca é tarde para nada! Acho que uma parte das pessoas acredita na ideia de que a vida deve seguir um propósito próprio para cada um de nós, enquanto seres espirituais, únicos e universais. A maioria, mesmo que inconscientemente, procura seguir um caminho, uma profissão, uma família, um projeto de vida, procurando a felicidade. Ora, independentemente daquilo em que acreditamos, existe algo comum a todos: nós queremos ser felizes e ambicionamos ter sucesso. Precisamos alicerçar nossa vida em princípios e valores fortes. Precisamos lutar, contar com o imprevisível e lidar com as consequências dos nossos atos. Nós vivemos o jogo da vida e, para vencermos, precisamos ter o poder sobre a nossa vida!

1

Invista em si mesma

O nosso sucesso pessoal começa quando assumimos que somos parte determinante dos acontecimentos da nossa vida. Somos nós que investimos em nós mesmas, muito ou pouco, ou até nada. Por isso, precisamos ter o nosso plano pessoal alicerçado em valores sólidos e princípios inspiradores. Precisamos de estratégias para alcançar os nossos objetivos, pois desejamos uma vida digna, alegre e gratificante. Em suma, queremos nos sentir bem, o máximo possível, sentir um estado de euforia permanente, a alegria que conhecemos quando rimos, quando estamos descontraídas e apaixonadas. Todas procuramos o máximo da sensação de bem-estar, independentemente do caminho que seguimos ou das nossas crenças.

Ninguém em sã consciência vive para se tornar infeliz, para sentir dor e desgosto. O drogado, quando consome a cocaína, faz isso pensando em atingir o prazer, mas, infelizmente, o efeito passa e a dependência aumenta. O ladrão, quando rouba, pensa que alcançará mais facilmente a prosperidade e será feliz; ele não acha que será apanhado.

Portanto, mesmo da maneira errada e sofrendo, todas as pessoas buscam a satisfação pessoal, mas são poucas as que sabem atingi-la, porque não conhecem a trilha do sucesso. São poucas as que controlam a mente e conseguem perceber que o caminho do esforço é o mais certo a seguir. As que não fazem as escolhas certas não distinguem as prioridades. A maioria das pessoas fica cega ao ver um mundo tão vasto de possibilidades e não consegue seguir a trilha correta com clareza, que, embora esteja disponível para todas, são poucas as que conseguem ver e andar por ela.

Existem estudos que indicam que as pessoas levam apenas cinco segundos para formular uma opinião sobre uma pessoa ou um objeto, com base na cor. Já imaginou? A cor da sua roupa pode influenciar o que pensam sobre você, em segundos. Portanto, da próxima vez que se vestir, não se esqueça de escolher cores alegres, vivas e atraentes, para o amor. Para fazer negócios, escolha cores sóbrias, azuis, em tons únicos e para transmitir confiança e tranquilidade use tons pastel.

A vida é feita de detalhes que fazem muita diferença. É simples e complexa ao mesmo tempo, parece incongruente, mas não é. Trata-se de uma escolha de estilo de vida e de atitude, com um determinado paradigma que, apesar de óbvio, é difícil encaixar de uma só vez.

Tudo o que você fizer por si mesma é um investimento em sua vida. Por exemplo, se desperdiçar anos num casamento infeliz, que tipo de investimento está fazendo? Mau. O fato é que você vai ter de conviver com as consequências dos investimentos feitos na sua vida, desde os mais simples aos mais complexos. Se você é uma péssima vizinha, ignora sempre as pessoas no elevador, não cumprimenta ninguém no bairro e baixa a cabeça quando cruza com alguém, que investimento está fazendo na sua comunidade? Mau, não é?

Mas se é uma boa vizinha, sorri sempre quando encontra alguém na rua, trata as pessoas com amabilidade e ajuda os vizinhos com as sacolas quando os encontra sobrecarregados no elevador, estará fazendo um investimento muito mais inteligente. Viverá tranquila na sua casa e manterá boas relações na comunidade onde mora. É apenas um detalhe, mas pode influenciar toda a sua vida. Se você, por exemplo, decidir acordar dez minutos mais cedo de manhã para escolher uma roupa bem coordenada e fazer uma maquiagem que a favoreça, que tipo de investimento estará fazendo? Algo de muito bom, que lhe trará frutos durante o dia e que começa logo ao sair de casa, com um sorriso, confiante na sua imagem e com a autoestima lá em cima. São pequenos detalhes que marcam o seu estilo e a sua personalidade. Seja quem for.

Aprenda a superar barreiras e a tranquilizar o seu "eu" interior

Para viver, é preciso ter vocação e talento, e quem não tem deve aprender a viver a vida, esperando conseguir superar as barreiras inevitáveis e acreditando que é possível evoluir sempre mais e que algo melhor nos espera à frente. No momento da angústia, pensar que "se aconteceu assim é porque vai ser melhor para mim" é um trunfo magnífico.

Temos de saber parar e acalmar o espírito quando sofremos, quando somos humilhadas ou rejeitadas, e ficar atentas para as oportunidades da vida. É uma ferramenta de sobrevivência com estilo e dignidade.

Existe algo na natureza que protege as mais otimistas, audazes e voluntariosas, e durante a vida essa energia retorna em nossa direção com oportunidades. Existe algo de especial nas pessoas boas que ajudam os outros e que cuidam da sua alma. Existe um movimento constante que nos aproxima dos desafios certos, aqueles que nos obrigam a optar e que nos indicam novos modelos e novas transformações. As mais desorientadas não conseguem percebê-la, ou então, a ignoram, mas as que aproveitam a vida a chamam de sorte!

A visão otimista da vida é uma grande dádiva e está disponível para qualquer um. A vida nos oferece a oportunidade de evoluir, de mudar nossas convicções, de modificar o que nos faz mal e de procurar novos caminhos. Só não se mexe quem não quer.

Acredito fundamentalmente que temos de ser verdadeiramente livres para conseguir decidir a vida. Temos de pensar pela nossa cabeça, questionar os conceitos e as ideias preconcebidas, temos de deixar o medo de lado e tomar decisões sozinhas. Você não precisa da opinião de ninguém. Escute bem: não precisa! Pense e faça as suas escolhas de acordo com a sua inspiração e motivação interior. Faça isso repetidas vezes, sobretudo, com os seus sonhos, objetivos e prioridades. Faça uma reciclagem dos ideais e preconceitos que pautaram a sua vida até hoje. Você ainda pensa do mesmo jeito? Tem certeza? Muitas vezes, precisamos mudar de ideia, ser mais condescendentes ou nos transformar em personagens que, aparentemente, não queríamos ser. Mas podemos colorir e tornar essas personagens interessantes. São estratégias inteligentes de sobrevivência.

As mulheres têm um poder único nas mãos, que não conhecem: o *marketing* da mulher ou o *marketing* do amor — o seu *marketing* de vida.

Enquanto estrategista do seu *marketing* pessoal, você é também uma séria interveniente na sua vida, na sociedade e no planeta. Imagine o impacto político e econômico se as mulheres interferissem mais na sociedade. Reflita sobre o que aconteceria se um grupo de mães fizesse uma campanha nas escolas e na internet, utilizando as redes sociais e os meios de comunicação para denunciar que determinada marca de iogurtes gasta milhões de litros de petróleo para fabricar suas embalagens, destruindo o planeta e os recursos naturais da humanidade, quando podia fabricar as embalagens de uma maneira mais ecológica utilizando, por exemplo, soja. Imagine o poder desta ação conjunta e conceba o impacto que teria nos lucros dessa empresa. Já pensou no poder da solidariedade feminina a favor da humanidade?

Imagine também se essa notícia se espalhasse pelos outros meios de comunicação, como a televisão e o rádio. Seria a globalização num segundo. Pluf! Isso se transformaria em uma publicidade ruim para a marca, o consumo de iogurtes baixaria exponencialmente e os lucros também. A empresa teria que contratar uma agência de relações públicas para gerir a crise, a marca pediria desculpas públicas, mudaria as suas práticas e optaria por usar embalagens ecologicamente corretas. Todos sairiam ganhando. Você consegue ver o poder do ativismo social feminino?

Ele também pode ter um enorme impacto na sociedade, na percepção do que devemos pensar, de como agir nas atividades econômicas, no civismo, na educação, na intervenção política. Pode fazer a diferença na sua vida, na vida da sua família, da sua comunidade ou na vida política do seu país. Aventure-se e faça-se ouvir, organize-se e crie uma associação cívica. Envolva-se, participe na vida da sua comunidade, seja voluntária e intervenha como puder nas necessidades prementes da sociedade. Informe-se, defenda-se, defenda os outros e tome a iniciativa de fazer a diferença.

> *Invista na imagem da sua marca, na qualidade do seu ser interior, da sua alma, e seja feliz. Esta é a marca que você deixa.*

Decida com liberdade e conquiste a sua independência

Seja independente emocional e financeiramente. Aproveite todo o seu poder para decidir sobre a sua personalidade, a sua família, a sociedade e a sua vida. Não deixe que alguém controle a sua vontade, não deixe que o seu marido, namorado, pai, chefe ou qualquer outra pessoa pense ou decida por você.

As mulheres ainda não têm um grande poder de decisão em muitas questões importantes, como opções políticas, profissionais e de estilo de vida. Muitas ainda aceitam que o marido decida por elas.

São muitas as mulheres que ainda proferem a frase "Não sei, tenho de falar com o meu marido primeiro", até para decidir se vão depilar o buço a *laser*. É aflitivo. As mulheres têm de se emancipar e de compreender todas as matérias que condicionam a sociedade: a política, a economia, as finanças, e tudo o que intervenha no seu bem-estar.

O que não se sabe, aprende-se. Estude, veja as notícias, leia jornais, procure na internet, na televisão, nos livros. Aumente os seus conhecimentos para que possa ter uma opinião sobre o que se passa no mundo. Quais são os países em guerra? Por que ainda existem guerras? O que se passa com o aquecimento global? É mesmo verdade? E com a gestão das empresas da atualidade? E com as reformas econômicas? Quais são os direitos e os deveres dos trabalhadores? Estes temas não lhe interessam? E saber qual é a alimentação mais saudável para dar aos seus filhos? E a qualidade do ensino? E a segurança dos idosos? Tudo isso lhe diz respeito, não duvide.

Há sempre temas que nos interessam, uns mais do que outros; há situações que desconhecemos e que precisamos investigar mais um pouco para conhecer melhor. Mas podemos chegarmos lá como qualquer especialista na matéria, só precisamos de informação e de preparo.

É fundamental assimilar que é uma bênção aprender sempre; entender o mundo nos prepara para a vida. Se você trabalha no mercado empresarial, precisa perceber como funcionam todos os departamentos da sua empresa e das empresas com quem ela interage para otimizar a prestação dos seus serviços, destacar-se profissionalmente e ser promovida.

Assuntos que dizem respeito às políticas do governo são um pouco chatos, mas fazem parte e influenciam a nossa vida, por isso, é preciso estar ciente das opções políticas e exercer os seus direitos e obrigações cívicas. Para votar, é preciso estar bem esclarecida. Tudo isso é compatível com o universo feminino. Se você não se interessa por essas questões, como pode participar? Nada disso vai substituir o seu gosto pela moda ou pela cultura. Você pode continuar interessada em saber tudo sobre as tendências da moda e fazer parte de um partido político, adorar comédias românticas e formar uma associação civil. Pode ainda ser uma mulher bastante feminina e criar um blogue sobre as leis que deveriam ser aprovadas para melhorar a qualidade de vida das famílias, das mulheres e das crianças, ter uma participação ativa na sociedade e continuar a fazer compras no shopping.

Nós, mulheres, não precisamos ficar iguais aos homens para sermos eficientes e profissionais responsáveis. Não precisamos deixar de ser mulheres para participar na política ou nas ações cívicas que influenciam a vida dos nossos filhos, que mudam o rumo do nosso país e o futuro do nosso planeta. Podemos contribuir muito para a resolução dos conflitos mundiais com a nossa visão pragmática, harmoniosa e multifacetada.

2

Balanço do marketing da mulher

Se não gostamos da vida que temos e do mundo que nos apresentam só há uma coisa a fazer: transformar primeiro a nossa vida e depois o mundo em que vivemos. Não podemos mudar de uma vez toda a humanidade, mas podemos mudar algumas vidas, tocar alguns corações, espalhar entusiasmo, inspirar e influenciar a vida dos que nos rodeiam, quase por magia, com o nosso exemplo de boa vontade e testemunho de coragem.

A educação é a chave para mudar as mentalidades que dão continuidade à evolução humana, pois é através dela que podemos transmitir os verdadeiros valores que a humanidade necessita para perpetuar a solidariedade e a paz no planeta. Precisamos plantar em nossa vida os valores que nos fazem falta: liberdade, paz, amor, natureza, igualdade, família, direito, fraternidade, justiça, democracia, respeito, ambiente, espiritualidade e criatividade. Isso interessa a você?

Quem é que normalmente educa? A mãe. As mulheres têm muito poder nas mãos, o poder da educação — uma educação livre, criativa e estimulante que formará mulheres e homens conscientes como cidadãos e felizes. As mentalidades machistas serão mantidas se não forçarmos a mudança. Os meninos aprendem os códigos machistas muito cedo. O meu filho, aos quatro anos de idade, veio me contar a respeito dos seus sentimentos por duas coleguinhas: "Mamãe, se a Inês, quando for grande, não quiser casar comigo, eu me caso com a Clarinha!". Tive de desenganá-lo: "Meu amor, isso não funciona assim, a Clarinha não vai gostar de ficar em lista de espera, ela pode, entretanto, casar com outro". Ele esqueceu a ideia e passou a apreciar mais a companhia da Clarinha. Assim como as crianças, também os adultos se confundem muito. É normal que tenham dúvidas sobre o que devem procurar na vida e no amor, e que acreditem em mitos e não saibam ser livres o suficiente para viver em constante transformação.

Chegou a sua hora de se transformar, é a sua vez, aceite de braços abertos e sem grandes dramas as frustrações e os erros que fazem parte da sua evolução enquanto pessoa, são o seu patrimônio e o seu mapa emocional. É normal ter dias não tão bons, é normal errar, mas devemos passar uma borracha, aprender a lição e continuar a caminhada. Aprender sempre, porque quando ignoramos as lições da vida, elas tendem a repetir para que sejam assimiladas de vez. É péssimo cometer duas ou três vezes o mesmo erro, mas enquanto não aprendermos ele vai estar lá, à nossa espera.

Quanto ao amor, o que vale a pena mesmo é a viagem — os encontros, as alegrias, os detalhes que nos fazem rir e os momentos de afeto. Chegar não é tão importante, só o percurso faz sentido. Afinal, nada dura para sempre.

Agarre-se à sua coragem e à sua força de vontade. Quantas pessoas não avançam numa determinada relação por terem medo que se acabe, por terem medo de perder. Quantos não amam com medo de sofrer. Mas vale a pena viver uma experiência boa que desejamos muito, mesmo que tenha o fim à vista. Afinal, o que não tem um fim predestinado?

É preciso viver sem medo para amar e amar para viver. Se você sofrer, apenas aconteceu. Se cair estatelada no chão, levante-se, recomponha-se e siga em frente. Logo que puder, sorria, porque nossa passagem é muito curta e precisamos aproveitar todos os momentos. Apesar dos sofrimentos pesados, dos momentos inesquecíveis, dos Natais, dos abraços, das saudades, das chegadas e das partidas e de todo o tempo que passou, é no dia a dia comum, e às vezes chuvoso, que a vida acontece, que brota a felicidade mais ingênua e genuína, a gargalhada mais sincera e incontida. É na simplicidade do dia a dia, em que não há nada de extraordinário, que a vida acontece, é aqui que tudo o que é bom e humano emerge. O que é relevante para a vida acontece aqui, não é numa festa, não é no meio das celebridades, é aqui, neste exato momento, no seu anonimato.

A vida é uma boa oportunidade porque nos deixa sempre escolher, mesmo que seja uma péssima escolha. Podemos inconscientemente escolher viver na fossa e andar com as piores experiências da vida bem acesas na nossa mente, nos pensamentos ruins, nas emoções negativas que expressamos e no semblante carregado que aparentamos. O que ganhamos com isso? Nada. Só reafirmamos a imagem horrível que transmitimos aos outros de sofrimento e transtorno, que faz com que as pessoas fujam de nós.

O que pensamos, sentimos e acreditamos forma o que somos naquele momento. O nosso cérebro e as nossas células acreditam e com essa atitude definhamos, envelhecemos, adoecemos e partimos mais cedo. A visão negativa da vida molda o nosso cérebro e enferruja os nossos membros, deixando-nos cheios de medo e sem ação para enfrentar a vida.

Para fugir desse destino infeliz temos de manter a fé e a esperança de melhores dias, temos de acreditar e viver para praticar esse lema. Temos de acreditar que pertencemos ao lado dos bons e que queremos permanecer nesse lado, temos de nos valorizar e acreditar que já tivemos emoções lindas e que voltaremos a ter mais momentos intensos que nos deixam saudade e que nos dão felicidade, como, por exemplo, aquele olhar intenso que indica uma tensão sexual genuína e faz uma mulher concluir: "eu quero aquele homem e ele me quer", e é aqui que a paixão acontece. Então, comece a viver com um desejo, com um sonho e com um sorriso. É no elogio sincero, na amizade sentida, na surpresa inesperada, no abraço de conforto que o amor se revela. Nada disso existe sem amor, sem paixão e sem querer a descoberta.

O amor interior é o nosso universo mágico, é a nossa fonte energética que nos permite obter automotivação, força de vontade, fé e esperança. O amor e o prazer fazem o mundo girar, porque quando nos apaixonamos por alguém, na verdade, estamos apaixonados pela ideia que fazemos dele, pelas emoções que ele nos cria, pelos sonhos que nos desperta e pelo bem que nos faz sentir. Ele até pode ser um sapo feio e sem importância, mas aos nossos olhos é um príncipe encantado.

O mesmo acontece com quem nos ama. Precisamos criar emoções e projeções do nosso "eu" no outro, do que achamos que é bom para nós e com o que sonhamos. Pensamos: "Eu mereço um homem lindo, cheio de charme, rico, inteligente, bondoso e perdidamente apaixonado por mim. De preferência, alto, bem-vestido, com sucesso, sociável, com muita personalidade, dedicado, cheio de estilo, com pés perfeitos, dentes branquíssimos, que goste de mim, de ombros largos, com um abdome bem definido e muito generoso". Será que este homem existe? A sorte é que o amor nos cega e, ao segundo beijo, facilmente transformamos qualquer sapinho num príncipe e não há nada que não se resolva com um bom banho de loja. Porém, quando o amor acaba é porque o sonho acabou, o feitiço se desfez. Afinal, ele não era o que pensávamos, e estava longe de se aproximar do consumidor encantado. Que grande sapo malvado!

Sendo assim, você precisa distinguir as melhores práticas do nosso *marketing* feminino para saber escolher homens que a valorizem, ganhar vantagens competitivas na sua vida e concretizar os seus objetivos, para que em nenhum momento de fraqueza da sua travessia você perca a coragem e abdique do seu poder pessoal para outra pessoa.

As emoções não têm de ser vividas de modo irracional e, para ganhar, é preciso querer conquistar. O *marketing* da mulher serve para estabelecer a sua plataforma de vida, mas é você que tem de criar o seu mapa emocional e o seu patrimônio de emoções positivas, aquelas poções inspiradoras que a fazem acordar com vontade de enfrentar o dia. Lembra-se de se sentir assim? Você precisa se inebriar da confiança que lhe dará alento para superar os maus momentos e abrirá um leque de outras possibilidades. Com o seu poder pessoal, você ganhará mais ferramentas para alcançar a felicidade.

A grande viagem da vida é sempre a viagem interior, o amor mais construtivo é sempre o amor-próprio, porque só a partir dele conseguimos desfrutar o amor do outro. E já sabe: o grande segredo da paixão é manter o *suspense* até o fim. É o seu roteiro de sucesso no amor. O casal deve manter seus mistérios, segredos e o respeito para conservar o interesse um no outro, a ideia de fusão corrompe a liberdade. Não há lugar para o romance quando se divide absolutamente tudo; deixa de haver espaço, tempo, espontaneidade e liberdade. E sem liberdade, o amor deixa de existir.

O *marketing* da mulher explanado neste livro pretende ser um estímulo para que você realize o seu plano de vida, a sua estratégia de sucesso e para que edifique os grandes pilares da sua vida. Com este guia, pretendo ainda motivá-la a se renovar nas adversidades da vida, a se encher de amor-próprio, a se amar muito antes de encontrar o amor do lado de fora.

Não existe um plano de *marketing* único, nem uma estratégia infalível; existem, sim, múltiplas possibilidades e vários caminhos possíveis para você ser mais feliz. O mais importante é que você escolha o seu plano de vida, que estabeleça os seus objetivos para concretizar os seus sonhos, que os alcance e os desfrute. Depois, volte a criar novos planos, mais objetivos, novas estratégias e mais sonhos. A sua mente é evolutiva, não estagna com a idade.

Defina o seu próprio *marketing*, o seu *marketing* pessoal. Crie as oportunidades para alcançar o sucesso e, sobretudo, para tomar as suas decisões e vivenciar a sua vida no que ela tem de melhor: suas escolhas!

Um beijo e boa sorte!